Excelで学ぶ人口経済学

大塚友美［著］

創成社

はじめに

本書の前身『実験で学ぶ経済学』を創成社から出版したのは，2005年のことである。同書の目的は，誰もが入手可能なコンピュータ・ソフトのExcel（およびVBA）を用いて，①学生自らが各種の経済モデル（たとえば，ケインズ・モデル）を自らの手で動かすことにより，②そうした経済理論の妥当性を自らの手で確かめる（体感する），という一種の模擬実験（シミュレーション）を通して，③経済学への理解を深めることにあった。

同書のタイトルの“実験で学ぶ”が示唆しているが，この着想は理科実験から得た。小中学校時代，理科の実験が嫌いであった人はあまりいないであろう。実感をもって理解できない教科書の内容（水の電気分解など）を，記載された手順に従った実験によって確かめ，納得（体感）できたとき，少なからぬ感動を感じたはずである。そこで，このような実験の手法を，経済学に取り入れることができないか，と考えたのである。

一般に，「自然科学と社会科学との違いは実験ができるか否かにある」という言葉が示すように，社会科学において実験はできない，と思われている。ところが，理論の精緻化と体系化が進んでいることから“社会科学の女王”ともいわれる経済学の分野では，統計学や計量経済学などの手法を用いることによって，模擬実験（シミュレーション）を行うことが可能である。とりわけ，コンピュータが日常生活や教育機関などに浸透している今日では，それらの基本的な知識さえあれば，Excelを活用することによって，誰もがそうした実験を比較的容易に実施することができる状況にある，といえる。

こうした理由から刊行した『実験で学ぶ経済学』は，幸いにして好評であった。

ところで，経済学を簡潔に表現するなら，財の生産・分配・消費にかかわる学問である，といえる。ここで留意すべきは，この財を生産するのも，分配するのも，消費するのも，1人ひとりの人間であり，その人間の集合体が人口である，という点である。この事実にもかかわらず，経済学において人口現象が論じられることは今日ではあまりない（この理由に関しては，本書『Excelで学ぶ人口経済学』の第6章を参照されたい）。そこで，『実験で学ぶ経済学』では人口モデル（推計）に関する章（同書第9章）を設けて実験を行い，続く『経済・生命・倫理〈AN研究シリーズNo.1〉』（文眞堂，2007年）においては人口変動と生産活動に関する章（同書第2章，第3章）を設けて実験を行った。

とはいうものの，両著書の目的と性格から，人口現象を詳細に扱うことができなかったために，人口と経済との相互関係を十分に説明するまでには至らなかった。『Excelで学ぶ人口経済学』を出版する構想は，この点への反省のなかから生まれた。したがって，本書は，①人口理論と経済理論を概観したうえで，②簡易人口モデル・簡易計量経済モデル・簡易人口経済計量モデルを各自が操作することを通して，③人口理論と経済理論の概要，人口と経済との相互関連を自らの手で確認し，実際に体感できるように設計してある。

こうした点に鑑みるなら，本書の書名は前著にならって『実験で学ぶ人口経済学』とするのが普通であろう。しかし，この名称にすると，近年注目を集めている実験経済学と混同されかねない。そこで，『Excel で学ぶ人口経済学』を書名とした次第である。

詳細は本文に譲るが，ここで本書の特徴の１つである簡易人口経済計量モデルについて，若干の説明をしておこう。さまざまな研究機関などで作成される大型の人口経済計量モデルを飛行機に擬えると，その規模からいってジャンボジェット機になるであろう。このような大型機の作製は，常識的にみて個人の手に負えるものではない。これに対して，軽量機のセスナよりも小型の超軽量動力機（ウルトラ・ライト・プレーン）ならば，一般の人々もレジャーなどで使っていることからもわかるように，個人の手で作ることも可能になる。簡易人口経済計量モデルは，この超軽量動力機に相当するものである。

この飛行機は，超小型であるからといって，侮ることはできない。超小型ではあるが，翼があり，エンジンがあり，そして何よりも人を乗せて空を飛ぶのであるから，純然たる飛行機である。むしろ，超小型であるがゆえに，飛行機の基本原理を理解するには最適である，とさえいえる。簡易人口経済計量モデルについても，同じことがいえる。小型モデルであるがゆえに，人口と経済との相互関係の基本を理解しやすいのである。

さて，航空機の設計から作製に至る過程では，安全性等の確認を何度も行う。というのも，人間の行為には誤りがつきものだからである。本書においても，慎重にモデル等を作成したつもりではある。しかし，ヒューマン・エラー等がないと言い切ることはできない。もし何らかの過誤があった場合，ご指摘をいただきたい。

最後になってしまったが，本書を出版する計画は比較的早い段階から進んでいた。しかしながら，例によって，筆者の遅筆と諸般の事情が重なったことにより，再三にわたって入稿の遅れを申し出なければならない羽目に陥ってしまった。このため，創成社出版部の廣田喜昭氏には多大な迷惑をかけてしまった。同氏の忍耐強さと，寛容さがなければ，本書は日の目を見なかったであろうことを記して，お詫びとお礼を申し上げる。

平成23年４月吉日

大塚友美

〈プログラムについて〉

本書に記載してあるプログラムは，創成社 web サイトよりダウンロードすることができます。

http://www.books-sosei.com　　「ダウンロード」ページ

目　次

第1章
人口経済学とは何か
―― 本書の狙い ――

1．人口経済学

人口経済学を簡潔に表現するなら，人口現象と経済現象の相互関係を分析対象とする研究分野である，といえる。人口経済学に対する関心は，近年，とみに高まってきているように思われる。その要因としては，現在，わが国において進展しつつある少子高齢化現象が，年金や医療をはじめとする社会保障制度，社会保障制度を支える経済の成長と発展などの我々の生活に直結する事項に大きな影響を及ぼしていること，あるいは環境問題などへの関心の高まり，といったことをあげることができるであろう。

このことを，下記の図１－１を用いて説明しよう。ごく簡潔にいうのならば，財の生産・分配・消費といった経済現象を分析対象とする学問が経済学である。また，出生・死亡・移動といった人口現象を分析対象とする学問が人口学である。このように，今日においては，各学問の研究領域は明確化され細分化されている状況下にある。

図１－１　人口経済学の理念図

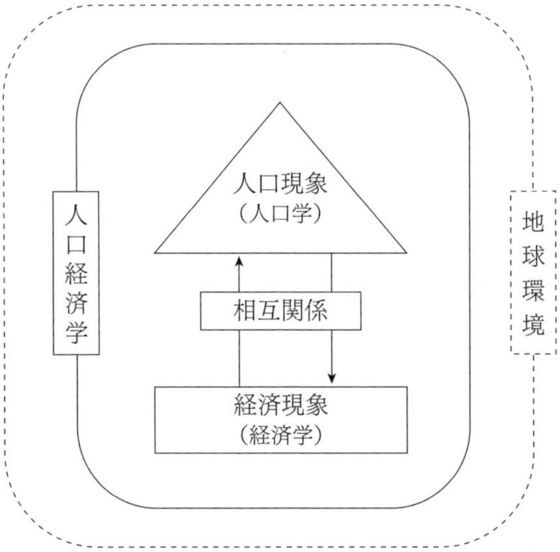

こうした細分化が生じたのは，学問の進歩と発展のためには，分析対象に綿密な検討を加えた精緻な研究が行う必要があり，そのためには研究領域を絞らざるを得なかったからである，といえよう。たとえば，1798年に『人口論』を著し，人口学の祖ともいわれるマルサス（Thomas Robert Malthus，1776～1834年）は，古典派経済学に属する経済学者であった。また，この時代の経済学者の多くは，何らかの形で人口を研究のなかで扱っていた。しかし，経済学の標準的な教科書からわかるように，理論の精緻化と体系化が進んだ今日の経済学においては，人口現象が分析対象なることはあまりなくなってきている，といえる（この理由の詳細に関しては，第6章第4節を参照されたい）。

しかしながら，実際には，人口現象と経済現象の間には，図1－1が示すような密接な関係がある。すべての人間は，食糧や衣類をはじめとするさまざまな財を消費しなければ生きられない。それゆえに，経済活動（財の生産・分配・消費）を行って必要な物を手に入れるのである。すなわち，経済活動を行っているのは，1人ひとりの人間であり，そしてそうした人間の集合体が人口である。他方，子供をもつか否かに対する夫婦の意思決定，他所へ移り住むか否かに関する人々の決断などには，その時々の所得水準をはじめとする経済状況などが影響を及ぼしていよう。また，自らの意思とかかわりなく生ずる死についても，十分な医療を受けているか否か，滋養のある食物を摂っているか否か，清潔な環境の下で暮らしているか否か，といった事柄が影響を及ぼしている。つまり，人口を規定している出生・死亡・移動には，経済活動の成果が大きな影響を及ぼしている。

さらに付言するなら，人類が地球上に誕生して以来，人口は比較的順調に増加してきたが，これを可能にしてきたのは増加する人口を支えるにたる生産の増加，すなわち経済の成長と発展があったからである。しかしながら，こうした人間の経済活動が，今日においては，地球環境に大きな負担を課しはじめている，という状況下にある。増加する人口と過度な経済活動が地球環境に重大な影響を及ぼしはじめているのである。

人口現象と経済現象との間には，こうした密接な相互関係がある。これを扱う学問が，人口経済学である。それゆえ，「人口の少子高齢化がさらに進展してゆくときに，年金・医療費の負担増にわが国の経済は耐え得るか」，といった問題を考察するとき，人口経済学は効果を発揮することになる。従来の細分化された学問的枠組のなかでは，こうした複合的問題を研究領域の射程範囲内では捉えきることが難しいのである。

以上の議論からするなら，次の図1－2が示すように，基本的には人口経済学は人口学と経済学が重複した領域に成立する学問である。それゆえに，人口経済学を学ぼうとする場合，複合領域の学問ゆえに生ずるある種の難しさに直面することがある。

人口経済学を学ぶ際には，人口学や経済学はいうに及ばず，それらに関連する知識も必要になるからである。その代表例が統計学である。人口現象を扱う際には，出生率や死亡率などの指標を用いるために，人口統計に関する知識が必要になる。また，人口現象と経済現象との関係をみる関係上，経済統計の知識も必要になる。さらにいえば，図1－2に

図1－2　人口経済学の関連領域

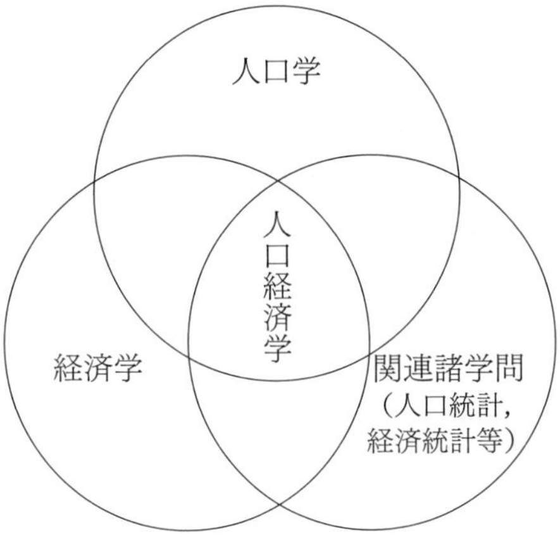

は記していないが，統計処理を行うに際しては，コンピュータの活用法などの情報処理に関する知識も必要になる。このように考えてゆくと，人口経済学を学ぶためには，さまざまな学問領域に通じていなければならないことになる。

とはいうものの，複数の学問に通じることは，「言うは易く，行うは難し」の典型例である，といえよう。一般論としていうなら，それらの1つひとつを着実に習得してゆくのが望ましいあり方であり，王道ではあろう。

とはいえ，それには多くの時間と労力を必要とする。また，それらを1つひとつ習得していく過程で，「人口と経済の相互関係」という本来の目的を見失いかねない恐れがある。加えて，この過程において，これらの知識をどのように組み合わせて活用するか，といった疑問も生じてこよう。

2．本書の狙いと構成

上記のような諸問題が生じる一因は，人口経済学に関する自らの地図あるいは座標軸が曖昧であるか，十分でないために，自分が現在いる場所の位置づけがわからず，これから進むべき方向を決められなくなってしまうことに求めることができる。とするなら，学問の王道からすれば批判は多々あるであろうが，それが粗雑ではあっても，人口経済学のGPS（全地球測位システム：Global Positioning System）をまず入手してしまうことである。粗雑なGPSであっても，自分が現在いる場所の位置をとりあえず確定することができれば，今後進むべき大雑把な方向も自ずと明らかになってくるからである。

これを換言するなら，人口経済学の全体像（イメージ）を自分のなかに形成することである。その効率的な方法としては，図1－3に示されているような人口現象と経済現象の全体像に関する簡潔なモデルを自らの手で構築し，これを自分の手で動かすことによっ

図１－３　人口経済モデルの概要

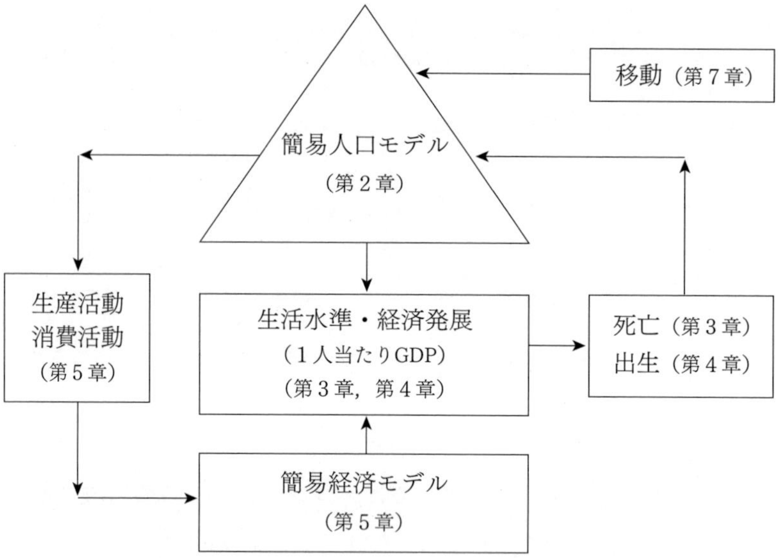

て，人口変動と経済変動の仕組を自らの手で確かめることがあげられよう。

ちなみに，この図が示すモデルの内容は，先に論じた人口現象と経済現象の相互関係の大枠を，実際に確かめるためにより具体化したものである。すなわち，①人口学的要因（出生・死亡・移動）が，人口の規模と男女年齢別構成を規定し（簡易人口モデル），次に②この人口が消費活動を行うと同時に，そのなかの生産年齢人口（15～64歳人口）が生産活動に貢献する（簡易経済モデル）。そして③こうして決まった人口規模と経済活動の成果から，生活水準ないしは発展段階の指標である１人当たり GDP（国内総生産）が決まり，④この１人当たり GDP が出生と死亡を規定している，ということである。

ここで出てくる最大の疑念は，各個人がこうしたモデルを構築して動かせるか，ということであろう。幸いにして，パーソナル・コンピュータの発展した今日では，多くの人がすでに入手しているExcelの表計算機能およびVBA（Visual Basic for Applications）を用いれば，かつては困難であった科学計算も容易に実施できる状況下にある。それゆえ，本書内の指示通りにExcel を操作すれば，モデルの構築もそれを動かすことも可能である。さらにいえば，図１－３が示すように，本書で構築するモデルは，簡易人口モデル，簡易経済モデル，そして両者を結びつけた簡易人口経済計量モデルであって，それらの構築に要する時間と労力は通常のモデルと比べてかなり少なくなっている（詳細は，下記の諸章を参照されたい）。このことが，各人が個人的にモデルを構築することを可能にしている。それゆえ，本書の指示に従って Excel や VBA を操作すれば，初学者でもこのモデルを構築し，動かすことができる。また，この過程において，人口経済学の基本理論，これを応用するための統計学の基本，統計処理に必要な情報処理法の基本を理解できよう。

そして，こうして人口経済学の全体像を把握した後は，自分が関心のある分野（出生，死亡，移動など）の研究を深化させると同時に，この粗雑なGPSを修正してその精度を自分なりにあげていけばよい。いい換えるならば，本書が扱っていない人口経済学の研究分野（たとえば，婚姻の社会経済的決定要因など）へと研究の幅を広げてゆけばよいのである。さらにいえば，本書の簡易人口経済計量モデルを適切に改良し精緻化してゆけば，先の「人口の少子高齢化がさらに進展してゆくときに年金・医療費の負担増にわが国の経済は耐え得るか」，といった問題に関する自分なりの分析結果を得られるはずである。

さて，人口経済学の大枠を把握する，というこれまで述べてきた目的の実現を目指している本書の章立て構成および各章の内容は，およそ次の通りである。

まず，第2章（人口モデル）では，簡易人口モデルの基本的仕組を解説したうえで，Excelの表計算機能とVBAを用いてこのモデルを実際に動かし，出生・死亡が人口の規模・男女年齢別構成に影響を及ぼす過程を確認する（図1－3を参照)。この簡易人口モデルとは，通常の人口モデル（コーホート・コンポーネント法のこと，毎年の男女年齢別人口を推計する）の簡便版である人口モデル（男女年齢別人口を5年毎に推計するモデル。詳細に関しては，第2章を参照されたい）のことである。本モデルを利用する理由は，通常の人口モデルに比して，扱うデータ量が格段に少ないことである。なお，このモデルには移動を含めてはいないが，その理由は本章を参照されたい。

第3章（死亡）においては，死亡の経済的決定要因に関する人口経済学上の基本的理論を紹介し，次いで死亡研究に用いる統計技法（普通死亡率，標準化死亡率，生命表）をExcelの表計算機能とVBAを用いて紹介した後に，Excelのデータ分析機能（回帰分析）を活用することによって平均寿命（出生時平均余命）とその経済的決定要因との関係を分析し，寿命関数を作成する（図1－3を参照)。

第4章（出生）においては，出生の経済的決定要因に関する人口経済学上の基本的理論を紹介し，次いで出生研究に用いる統計技法（年齢別出生率，合計（特殊）出生率など）をExcelの表計算機能を用いて紹介した後に，そのデータ分析機能（回帰分析）を活用することによって出生率と経済的決定要因との関係を分析し，出生関数を作成する。

第5章（経済発展と人口変動）においては，まず，ハロッド＝ドーマー理論を用いることによって経済成長について概説する。次いで，Excelのデータ分析機能（回帰分析）を活用することによって，ハロッド＝ドーマー生産関数およびスーツ型生産関数を用いた簡易計量経済モデル（供給志向型の逐次モデル）を作成し，これをExcelの表計算機能とVBAを用いて実際に動かすことによって，経済が成長する過程，およびこれに人口が及ぼす影響を確かめる。なお，ここにいう簡易計量経済モデルとは，簡易人口モデルと歩調を合わせて5年毎の経済状況を推計するモデルのことである。簡易計量経済モデルを用いる理由は，第6章において簡易人口経済計量モデルを構築するためである。

第6章（簡易人口経済計量モデルの構築とシミュレーション）においては，先に作成してきた簡易人口モデルと簡易計量経済モデルとを，すでに作成しておいた寿命関数（第3章）と出生関数（第4章）などを用いることによって結びつけて，簡易人口経済計量モデルを構築するための作業手順について論じている。

第7章（移動）においては，まず，近年，一国の人口や経済に大きな影響を及ぼしはじめている国際労働移動を取り上げ，国際労働移動の基本的な経済理論を紹介する。次いで，第6章において作成した簡易人口経済計量モデルを応用したシミュレーション分析によって，国際労働移動が一国の国民経済に及ぼす影響を確認する。

本書に書かれた指示にしたがって，各種の関数等を作成し，簡易人口モデル，簡易計量経済モデル，簡易人口経済計量モデルを実際に動かしてゆくなら，簡素なものではあっても，人口経済学の全体像に関するイメージを形作ることができるはずである。そして，これを人口経済学の習得のための地図ないしは座標軸として，人口学，経済学，統計学などのさらなる習得に努めれば，人口経済学をより効率的に学ぶことができるであろう。

第2章
人口モデル

1．はじめに

人口経済学とは，人口学と経済学の重複領域に成立する学問である（第1章を参照)。そのため，双方の知識が必要になる。このうちの人口学の基本に関していえば，人口の規模や男女年齢別構成を規定しているのは，出生・死亡・移動の3つの要因である。このため，一般論をいうなら，出生・死亡・移動などに関する人口理論や分析手法（人口統計学）などを1つずつ着実に習得してゆくのが常道であろう。しかし，この場合は，人口現象の概要を把握するまでに，多大な時間と労力を費やさなければならない。

第1章でも述べたことを想起するなら，まず，最初に，人口の基本的仕組の全体像を把握し，次いで各論を詳細に考察する方が効率的であろう。そこで，本章においては，人口転換理論，簡易人口モデルについて概説した後に，Excelの表計算機能およびVBAを用いて，簡易人口モデルを実際に動かすことにより，人口変動の基本的な仕組（出生と死亡が人口の規模や男女年齢別構成に影響を及ぼす過程）を把握する。死亡・出生・移動の詳細に関しては，本書の次章以降の部分において順次考察する。

2．人口の規模・男女別年齢構成の決定要因

一国の人口に関する特徴を知るうえで，人口ピラミッドは有用な道具である。人口ピラミッドとは縦軸に年齢を測り，横軸に男女別の人口を測った簡素な図であるが，人口の規模や年齢構成の特徴を簡単に理解できることから，人口学ではよく利用される分析手法の1つである。たとえば，次の図2－1－aが示しているような人口ピラミッドは年少人口（0～15歳人口）が多い半面，老年人口（65歳以上人口）が少ない富士山型である。これは，人口の活力が旺盛であり，増加傾向にあることを示している。これに対して，図2－1－bの人口ピラミッドは，年少人口が少ない半面，老年人口が多い歪な形状をしており，少子高齢化の状況にあることを示している。こうした状況が進めば，老年人口を扶養する生産年齢人口（15～64歳人口）の経済的な扶養負担はさらに大きくなるであろう。ち

なみに，図２－１－ａは1920年の日本，図２－１－ｂは2000年の日本の人口ピラミッドであるが，前者の形状の人口ピラミッドは開発途上国などでよくみられるものであり，後者の形状のそれは先進国などでよくみられるものである。

図２－１－ａ　人口ピラミッド

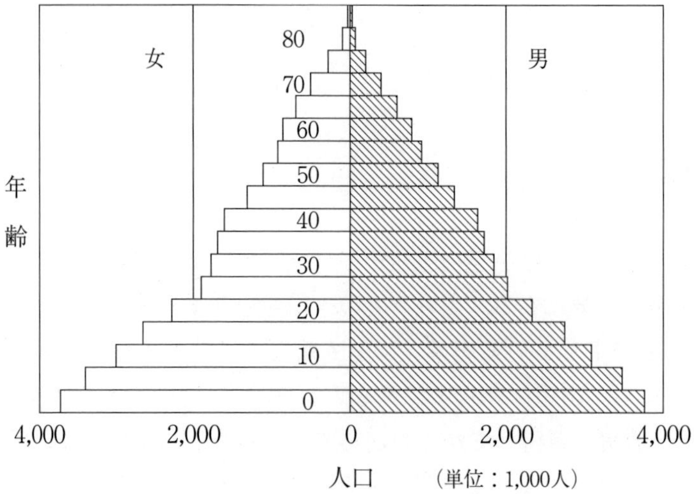

資料：総務省統計局（http://www.stat.go.jp），人口推計データ。

図２－１－ｂ　人口ピラミッド

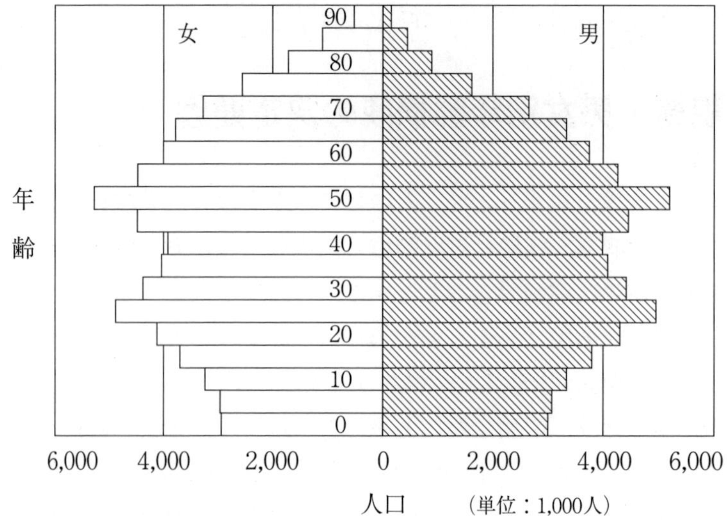

資料：国勢調査（2000年）。

このように，人口に関する興味深い特徴を映し出す人口ピラミッドであるが，人口ピラミッドは人口の本来の姿の一部分を示したものにすぎない。有史以前のはるか昔，地球上に人類が現れたときから今日に至るまで，人間は命を次世代へと繋ぎ，その数（人口）も増加してきた。そして，今後もその命を次世代へとつなぎ続けるであろう。このことを図で示すなら，人口ピラミッドは過去から現在，そして未来に向けて存在する連続体，すなわち下記の図（図２－２）が示すように三角柱を横倒しにした形になる。我々が目にする人口ピラミッドとは，この三角柱を任意の時点で切断した横断面にすぎない。

図２－２　人口ピラミッドの概念図

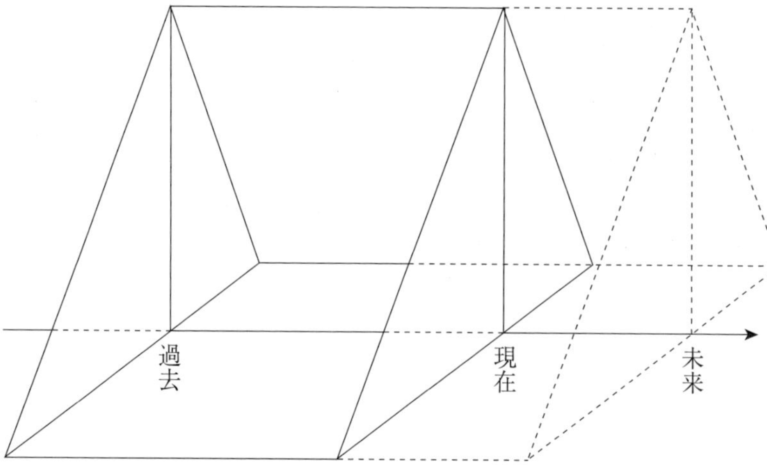

しかしながら，先にみたように，一口に人口ピラミッドといっても，その形状には大きな違いが存在する。こうした違いをもたらす要因は何であろうか。人間は生物の一種であることを想起するなら，一定の領域内に存在する人間の集合体，すなわち人口に変化をもたらす直接的要因は，出生（生まれてくる人の数），死亡（死んでゆく人の数），そして移動（流入あるいは流出する人の数）の３つ以外には存在しないのである。

さて，一国の人口に着目するのなら，一般に，これら３要因のなかの‘移動’は捨象することができる。より直接的にいえば，人口に大きな影響を及ぼす主要な要因は出生と死亡，ということである。なぜなら，一国の人口の規模や年齢構成に変化を及ぼすほどの大規模な人口移動（流入と流出）が生ずる可能性は非常に低い，と考えられるからである（ただし，一国内の各地域の人口（たとえば，各都道府県の人口）に関していうなら，これは移動の影響を受けてかなり変動することから，その限りでないことは明らかである）。

3．人口転換理論

以上の議論を踏まえたうえで，出生および死亡の変化が一国の人口規模やその年齢構成にいかなる影響を及ぼすかを，人口転換理論に依拠して概観しておこう。

人口転換理論（the theory of demographic transition）とは，西欧諸国の歴史的経験から導出された仮説である。この仮説は，今日の先進国の人口状況が，社会経済の発展にともなって高出生高死亡率（多産多死）から低出生低死亡率（少産少死）へと推移してきた歴史的過程を示すものであって，これに続く国々の人口状況も同じ過程を経て少産少死に至る可能性をも示唆している。人口転換は，下記の４つの段階から成る。

いま縦軸に出生率と死亡率を測り，横軸に年次（ないしは発展段階）を測ったうえで，出生率と死亡率の推移をみると，一般に図２－３－ａが示す形状を示す。

まず，最初の第Ｉ期は，社会経済の発展段階の低さゆえに，出生率と死亡率は高水準にあるが，出生率が死亡率をわずかに上回っているために，両者（出生率と死亡率）の差である人口の自然増加率（＝出生率－死亡率）は低水準にとどまっている状況である（図２－３－a)。次の第Ⅱ期に入ると，近代的な経済発展がはじまることから，生活水準の改善などによって死亡率は急速に低下するが，出生率は生活水準の向上と第Ｉ期を通じて醸成された多産・多子を歓迎する慣習が社会の隅々にまで浸透していることの影響によって，若干反転上昇した後は高水準を維持し続けることになる。その結果として，当然のことながら，人口の自然増加率は急速に高まってゆくことになる。

経済の発展が軌道に乗った第Ⅲ期に入ると，人口増加率の高まりからくる人口圧力ゆえに人々が出生抑制に向かうため，出生率は死亡率を追いかけるかのように急速に低下する。このため，自然増加率は低下に転ずる。そして，社会経済が成熟段階した第Ⅳ期に入ると，出生率も死亡率も自然増加率も低水準に落ち着くのである。

人口転換のこうした進展は，人口の規模や男女年齢別構成などに大きな影響を及ぼす。よく知られていることであるが，一国の人口規模の推移はロジスティック曲線によって表わせる。すなわち，当初の間，一国の人口規模に大きな変化はみられないが，この時期を過ぎると人口は増加速度を高めて行くが，やがてその増加趨勢は弱まりはじめ，人口規模は最終的には一定水準に収束することになるのである（図２－３－ｂを参照)。人口規模がこのような推移を示す理由は，前述した人口転換の進展によって，第Ｉ期には低水準にあった人口増加率（自然増加率）が，第Ⅱ期には上昇へ，第Ⅲ期には低下へ，第Ⅳ期には再び低位安定へ，と推移することに求められる（図２－３－ａを参照)。

図2－3－a　人口転換

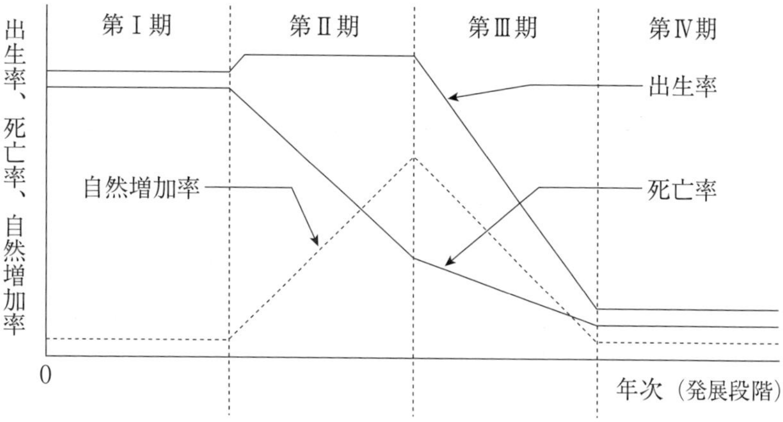

図2－3－b　人口増加趨勢

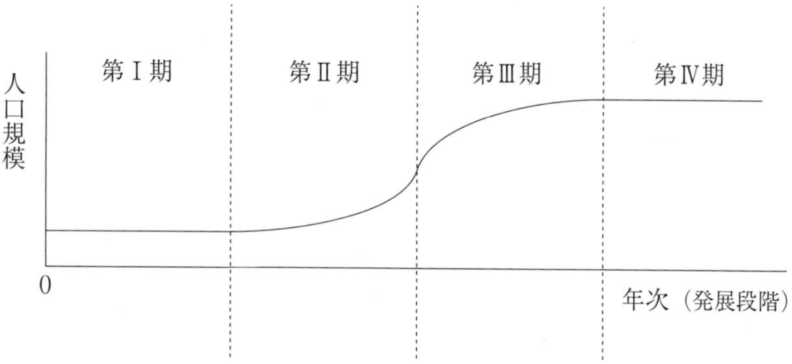

図2－3－c　人口ピラミッド

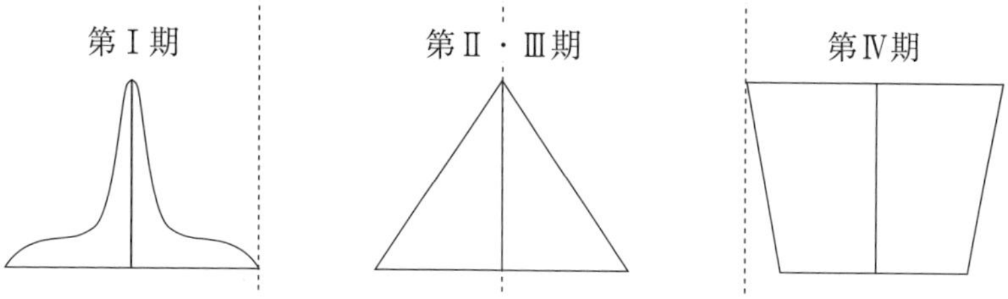

資料：大塚，2007。

人口の年齢構成（図2－3－cを参照）に関していえば，年齢構成を示す人口ピラミッドは人口転換の第Ⅰ期には逆T字型をしている。これは，多産多死の人口状況下では，多数の子供が生まれても，その多くが幼少・年少期に死亡してしまう反面，この死亡の危機を乗り切った人口は比較的長く生存するためである。第Ⅱ期に入ると，若い年齢層の死亡率が改善される結果，人口ピラミッドは綺麗な三角形（人口増加型の人口ピラミッド）の形状に近づきはじめる。しかし，第Ⅲ期に入って出生率が低下をはじめると人口ピラミッドに歪みが生じはじめ，第Ⅳ期の少産少死の人口状況ではいわゆる少子高齢化の顕在化によって，上部は広がり下底がすぼまった形状を呈するようになる。

4．日本の人口転換

人口転換理論は，人口学のなかでも信頼性のある仮説であって，世界各国の人口状況を説明する際などによく用いられる。このことを，わが国を例にみておこう。

下記の図2－4が示しているのは，わが国の出生率と死亡率の推移を示したものである。この図から，明治以降，わが国の経済発展が進展するのにともなって，人口状況（出生率と死亡率）はまさに人口転換理論が想定している経路を経て，多産多死（高出生高死亡率）から少産少死（低出生低死亡率）へと推移していることがわかる。

図2－4　日本の人口転換

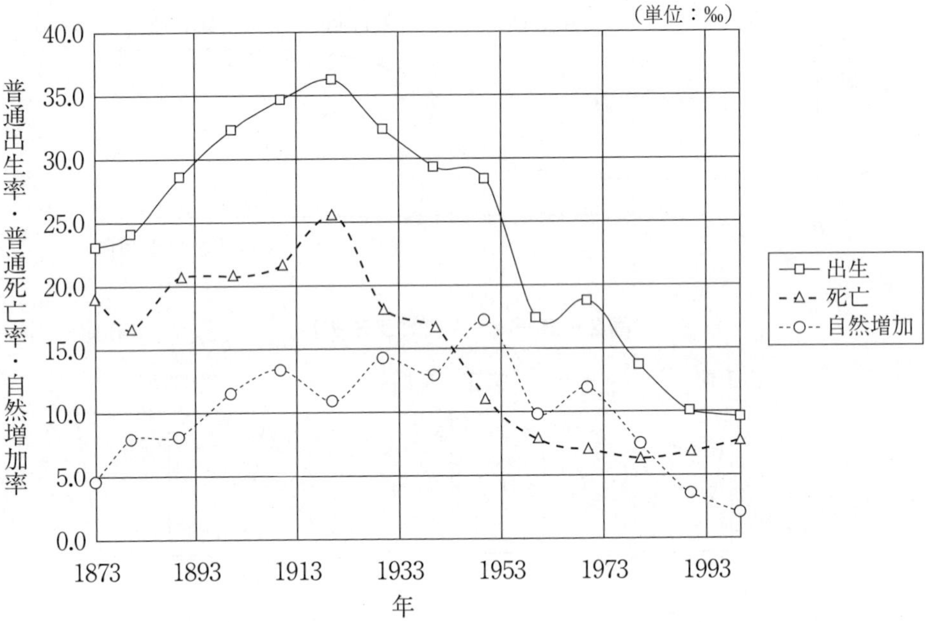

資料：人口統計資料集（http://www.ipss.go.jp/）。

出生率と死亡率のこうした推移は，先にみたように，人口規模に影響をもたらす。次の式は，人口規模を被説明変数，時間の経過を説明変数とするロジスティック関数によって，日本の人口規模の推移を示したものである。また，次の図2－5が示しているのは，このロジスティック曲線（ただし，式中の記号の意味は，140,000；人口規模の上限値，P；人口規模，t；年数，添え字のt；年次，である）と日本の人口規模の推移である。

$$P_t = \frac{140{,}000}{\exp(-0.277 - 0.040 \cdot t)}$$

$$R^2 = 0.987$$

図2－5　日本人口の推移

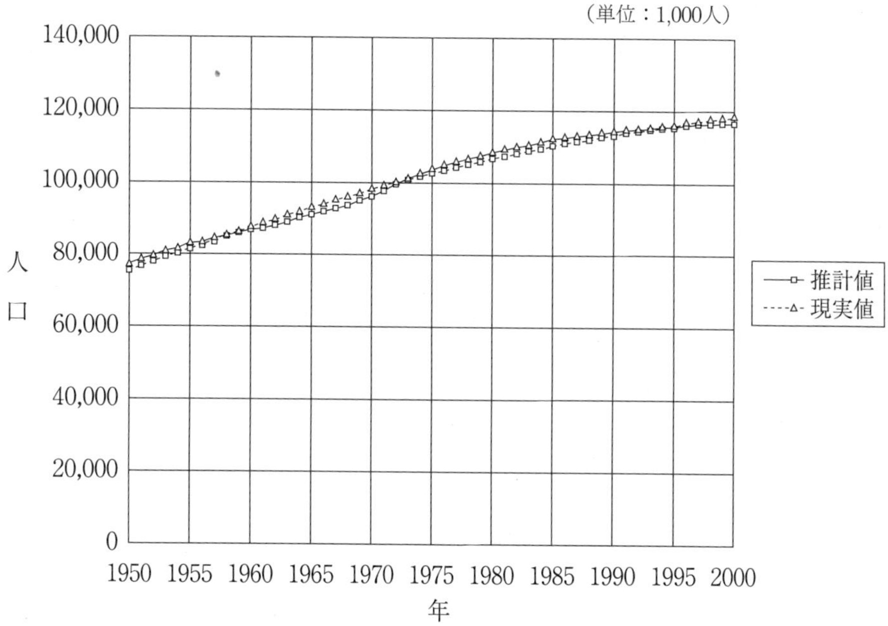

資料：人口統計資料集（http://www.ipss.go.jp/）。

最後は人口の年齢構成の変化である。高出生高死亡率から低出生低死亡率への出生率と死亡率の変化は，人口の年齢構成に大きな影響を及ぼすことになる。既述のように，図2－1－aと図2－1－bは日本の人口ピラミッドであるが，1920年の人口ピラミッドはきれいな三角形をであったが，出生率と死亡率が低下して少子高齢化が顕在化した結果，2000年の人口ピラミッドは老人が多く若年層が少ない壷型になっている。

以上からわかるように，日本の人口は，人口転換理論が想定した経路を辿ることによって，現在の少子高齢化状況に突入したのである。これと同じことは，ほかの先進諸国についてもいえる。また，人口転換が進展すれば，開発途上国でも同じことが生じよう。

5．簡易人口モデル

これまでの議論からは，出生率と死亡率の変動が一国の人口の規模や年齢構成に大きな影響を与えていることを，理論的には理解できたであろう。しかし，これを理論的にはわかっても，出生率や死亡率の変化が人口の規模や年齢構成に影響を及ぼす実際のプロセス（過程）を理解できていない，という不全感が残るはずである。そこで，本章のこれ以降の部分では，簡易人口モデルを用いて，この点を実際に確認してみよう。

（1）簡易人口モデル

ここにいう簡易人口モデルとは，①人間がこの世に誕生し，②青年・壮年へと成長し，③やがては老年に達して，④最終的には死亡するが，⑤その過程の適切な時期に結婚して子を生すことによって次世代へ命をつないでゆく，といった人口現象の基本的な仕組をコンピュータ内の仮想空間に再現したものである，といえる。

人口モデルとして一般に用いられているのは，年齢別の出生率と男女年齢別の生残率（一定期間を生き延びる率）を用いて人口を推計するコーホート・コンポーネント法（Cohort Component Method）である。これに対して，本章で用いる簡易人口モデルは，この通常の手法の簡便法のことである。簡易人口モデルを利用する理由は，通常のコーホート・コンポーネント法は，各歳別（すなわち，0歳，1歳，2歳，・・・，99歳，といった1年刻み）の人口データを用いて，毎年の人口状況を統計的に再現するが，これでは扱うデータ量や処理作業の手間が個人の手には終えないほど多くなる。これに対して，その簡便法は5歳階級別（0～4歳，5～9歳，10～14歳，・・・，95～99歳，といった5年刻み）の人口データを用いて，5年毎の人口状況を推計するために，扱うデータ量や処理の手間を大幅に削減できる，という利点があることに求められる。

ただし，両モデルとも，人口現象を再現する基本原理は同じである。推計結果の信頼性は，通常の手法の方が簡便法より若干高いが，両者ともほぼ同水準である。こうした特徴を考えると，個人が利用するうえでは簡易モデルの方が優れている，といえる。

（2）簡易人口モデルの基本原理

簡易人口モデル（コーホート・コンポーネント法）の基本原理は，先の人口ピラミッド（図2－2を参照）を応用すると，比較的容易に理解できる（図2－6を参照）。

今現在，我々は$t-5$年の時点にいる，としよう。このとき，現在（$t-5$年）の0～4歳の人口は，5年後のt年には5～9歳になる。とはいうものの，$t-5$年に0～4歳であった人口のすべてが，t年の5～9歳になれるわけではない。なぜならば，この5年の間（$t-5$年～t年）に死亡する者が出るため，t年の5～9歳の男女別人口は，$t-5$年の0～4歳の男女別人口よりも少なくなっているからである。そうであるならば，この5年間を生き延びる男女年齢別の生残率（＝1－この5年間に死亡する率）を，$t-5$年の0～4歳の男女別人口に乗ずることにより，t年の5～9歳の男女別人口を求めることができる。同じことは，t年の10～14歳以上の年齢の人口に関してもいえる。この関係を示した

図2−6　簡易人口モデルの概念図

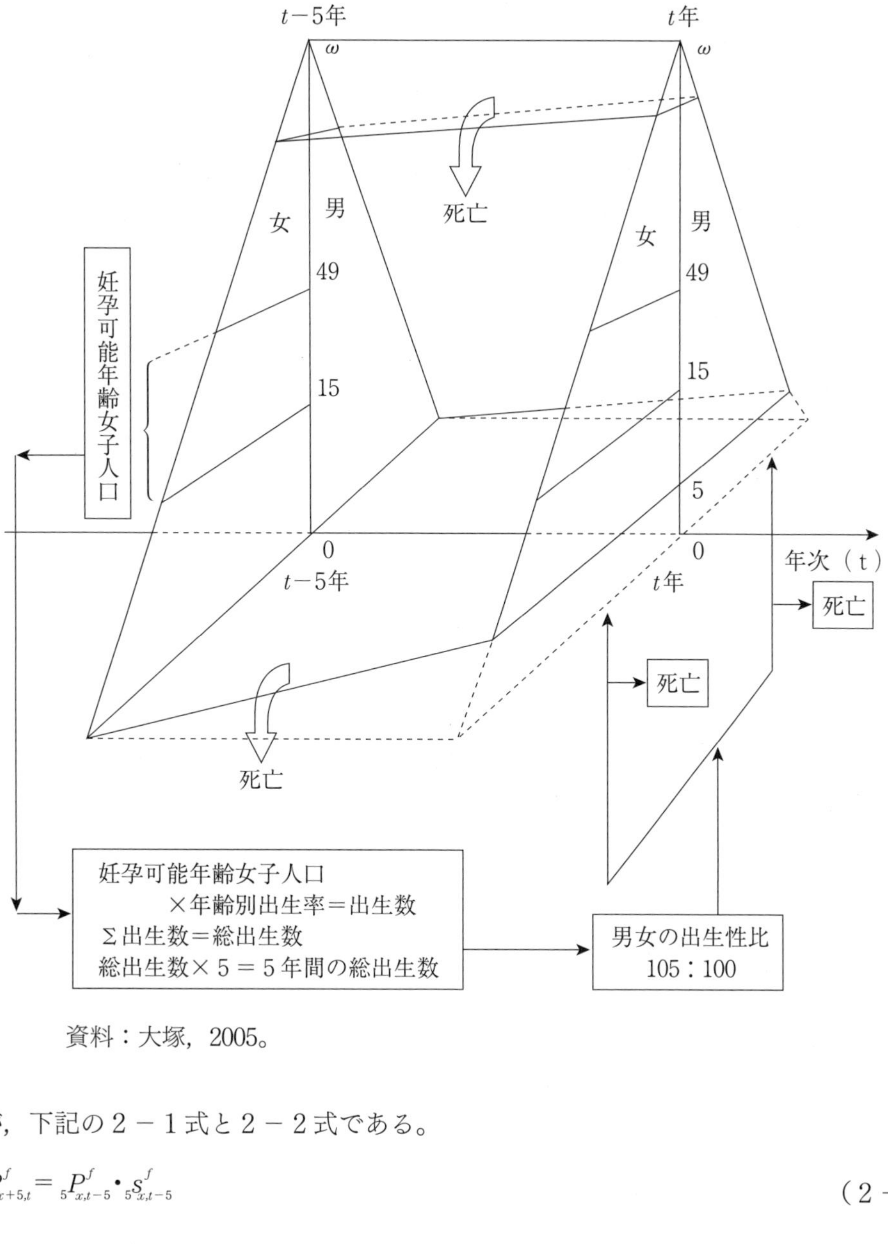

資料：大塚，2005。

ものが，下記の2−1式と2−2式である。

$$ {}_5P^{f}_{x+5,t} = {}_5P^{f}_{x,t-5} \cdot {}_5s^{f}_{x,t-5} \qquad (2-1)$$

$$ {}_5P^{m}_{x+5,t} = {}_5P^{m}_{x,t-5} \cdot {}_5s^{m}_{x,t-5} \qquad (2-2)$$

ただし，上記式中の記号の意味は，P；人口，s；生残率，である。右方の添え字の意味は，f；女性，m；男性，x；年齢，t；年次である。左方下の添え字の意味は，5；5歳階級別を示す（ちなみに，1である場合には，各歳別を意味する），である。

なお，この生残率は，生命表静止人口をもとにして，次式の要領で求められる

$$ {}_5s^{f}_{x,t-5} = \frac{{}_5L^{f}_{x+5,t-5}}{{}_5L^{f}_{x,t-5}} \qquad (2-3) $$

$$ {}_5s^{m}_{x,t-5} = \frac{{}_5L^{m}_{x+5,t-5}}{{}_5L^{m}_{x,t-5}} \qquad (2-4) $$

ただし，上記式中の記号の意味は，L；生命表静止人口，である。なお，添え字の意味は，上記の2－1式と2－2式と同じである。

以上の作業からt年の5～9歳以上の人口は求まる。しかし，t年の0～4歳の男女別人口は，ここからは得られない。この人口は，次の要領で求めることができる。

人口統計学的に，出産可能が可能であるのは妊孕可能年齢（15～49歳）の女子人口である（図2－6を参照)。そこで，$t-5$年とt年の妊孕可能年齢女子人口の平均値に年齢別出生率${}_5ASFR_{x,\,t-5}$を乗じ，その総和を求めると，この5年間の総出生数$TB_{t-5\text{-}t}$が求まる。

$$ TB_{t-5\sim t} = \sum_{x=15}^{49} \frac{{}_5P^{f}_{x,t-5} + {}_5P^{f}_{x,t}}{2} \cdot {}_5ASFR_{x,t-5} \qquad (2-5) $$

ただし，この2－5式は，精度を上げるために，通常の方法に若干の修正を加えたものである。通常の手法の詳細は，参考文献（Shryock, 1976）を参照されたい。

ところで，この総出生数には男女の区別がない。しかし，人間の生物学的な性質から，出生時の男女の性比は女が100に対して男は105，という安定した関係にある。そこで，これを用いて男女の配分係数（女：100/205，男：105/205）を作成し，これを総出生数に乗じて女児数と男児数を求め，これに出生児が0～4歳まで生き残る生残率（${}_5S^{f}_{B,\,t-5}$，${}_5S^{m}_{B,\,t-5}$）を乗じれば，t年の0～4歳の男女別人口が求まる（2－6式，2－7式)。

$$ {}_5P^{f}_{0,t} = \left(TB_{t-5\sim t} \frac{100}{205} \right) {}_5s^{f}_{B,t-5} \qquad (2-6) $$

$$ {}_5P^{m}_{0,t5} = \left(TB_{t-5\sim t} \frac{105}{205} \right) {}_5s^{m}_{B,t-5} \qquad (2-7) $$

なお，この2つの式で用いた出生児の生残率は，下記の2つの式から求める。

$$ {}_5s^{f}_{B,t-5} = \frac{{}_5L^{f}_{0,t-5}}{500{,}000} \qquad (2-8) $$

$$ {}_5s^{m}_{B,t-5} = \frac{{}_5L^{m}_{0,t-5}}{500{,}000} \qquad (2-9) $$

上記の式において500,000という数値を用いるのは，通常の生命表は毎年100,000人の人間が同時に生まれる，という仮定のもとに計算されるために，5歳階級別の簡易人口モデルの生残率を求めるにはこれを5倍する必要が生ずるからである。なお，この値の詳細な意味，および生命表の詳細な説明に関しては，次章（第3章）を参照されたい。

6．Excelによる人口モデル

以上が，簡易人口モデルの概要である。しかしながら，この理論的な説明からは，人口モデルの実際を実感をもって把握はできないであろう。そこで，Excelを用いて，日本の簡易人口モデルを動かすことにより，簡易人口モデルの内容を実際に確認してみよう。

さて，簡易人口モデルを実際に動かすためには，①男女年齢別の人口$P_x^{f\&m}$，②総人口TPの推移，③年齢別出生率$ASFR$，④合計(特殊)出生率TFRの初期値，⑤合計(特殊)出生率の推移，⑥男女年齢別の生命表静止人口$L_x^{f\&m}$の初期値，⑦男女年齢別の生命表静止人口L_xの目標値，⑧男女別出生時平均余命（寿命）$\mathring{e}_x^{f\&m}$の推移，などに関する統計データが必要になる。次の表2－1（次ページ）が示しているのは，今回，実際に用いる日本のデータ，すなわち，簡易人口モデル用の5歳階級別および5年間隔のデータである。なお，ここで用いた生命表静止人口の目標値（⑦）は，国立社会保障・人口問題研究所が行った将来人口推計で用いた値である（平成18年12月推計，http://www.ipss.go.jp/）。

表２－１　人口モデル用の各種データ（日本のデータ）

	A	B	C	D	E	F	G	H	I	J	K
1	1955年	総人口(単位:人)				総人口の推移				1955年	
2	総数	男	女			年	(単位:1000人)			年齢別&合計出生率	
3	0～4歳	4726375	4521453			1955	89,276			15～19歳	0.0296
4	5～9歳	5636545	5406151			1960	93,419			20～24歳	0.5602
5	10～14歳	4815846	4692060			1965	98,275			25～29歳	0.9072
6	15～19歳	4341411	4284190			1970	103,720			30～34歳	0.5640
7	20～24歳	4196455	4206867			1975	111,940			35～39歳	0.2484
8	25～29歳	3775418	3828981			1980	117,060			40～44歳	0.0634
9	30～34歳	2797266	3319724			1985	121,049			45～49歳	0.0038
10	35～39歳	2319520	2795654			1990	123,611			TFR	2.3766
11	40～44歳	2324772	2620604			1995	125,570				
12	45～49歳	2135535	2231679			2000	126,926			合計出生率の推移	
13	50～54歳	1929267	1920259							年	TFR(単位:人)
14	55～59歳	1607718	1597826							1955	2.37
15	60～64歳	1226805	1269812							1960	2.00
16	65～69歳	919065	1047973							1965	2.14
17	70～74歳	593782	798893							1970	2.13
18	75～79歳	342062	533647							1975	1.91
19	80～84歳	133193	244597							1980	1.75
20	85～89歳	33852	77504							1985	1.76
21	90～94歳	5369	15251							1990	1.54
22	95～	460	1687							1995	1.42
23		43860716	45414812							2000	1.36
24											
25		初期値				目標値					
26	1955年	生命表静止人口(単位:人)			2055年	生命表静止人口(単位:人)					
27	総数	男	女		総数	男	女		出生時平均余命の推移(単位:年)		
28	0～4歳	477135	479780		0～4歳	499090	499166		年次	男	女
29	5～9歳	468905	472401		5～9歳	498815	498928		1955 1)	63.66	67.86
30	10～14歳	466310	470322		10～14歳	498661	498803		1960	65.32	70.19
31	15～19歳	463709	468316		15～19歳	498290	498582		1965	67.74	72.92
32	20～24歳	458874	464818		20～24歳	497383	498148		1970	69.31	74.66
33	25～29歳	452523	459982		25～29歳	496176	497635		1975	71.73	76.89
34	30～34歳	445983	454468		30～34歳	494753	497010		1980	73.35	78.76
35	35～39歳	438847	448157		35～39歳	492927	496143		1985	74.78	80.48
36	40～44歳	429954	440577		40～44歳	490479	494915		1990	75.92	81.90
37	45～49歳	417384	430718		45～49歳	487003	493171		1995	76.38	82.85
38	50～54歳	398809	416990		50～54歳	481853	490547		2000	77.72	84.60
39	55～59歳	371952	397795		55～59歳	473860	486483		2055 2)	83.67	90.34
40	60～64歳	333370	370399		60～64歳	460749	480459		1)独自に作成した生命表の値。		
41	65～69歳	280095	330427		65～69歳	441438	472428		2)2055年は、目標値として設定した値。		
42	70～74歳	212459	273541		70～74歳	414387	460618				
43	75～79歳	138840	201261		75～79歳	372832	441294				
44	80～84歳	74188	124733		80～84歳	313363	408971				
45	85～89歳	29489	59228		85～89歳	234214	352176				
46	90～94歳	7008	18685		90～94歳	141312	260214				
47	95～	420	2975		95～	79841	208743				

出所：国勢調査（1955年），人口動態統計（1955年），生命表（各年次；http://www.mhlw.go.jp/），日本の将来推計人口（平成18年２月推計；http://www.ipss.go.jp/）を基に作成。

この表2－1のデータと比べるとよくわかるが，各歳別の人口モデルを動かそうとする場合に必要となるのは，各歳別（1歳階級ごと）のデータおよび年々のデータであって，その量はとてもこの表に収まるものではない。先に，各歳別の人口モデルでは，個人の手にあまる大量のデータが必要になる，と述べた理由も了解できよう。

（1）データ入力

簡易人口モデルを動かすために必要な作業の第一歩は，表2－1に示されたデータをExcelの任意のSheet（たとえばSheet 1）に上記のデータを入力することである。

（2）データ処理とモデル

以上のデータを用いて，Sheet 2において次の作業を行う。

（i）生命表静止人口と生残率

簡易人口モデルを動かすには，先の2－1式と2－2式が示しているように，男女年齢別の生残率${}_5S^{f\&m}_{x,\,t-5}$，すなわち$t-5$年にx歳の人口がt年の$x+5$歳になったときにどの程度生存しているかを示す値がわからなければならない。この生残率は，2－3式および2－4式のように生命表静止人口から計算されるが，この生命表静止人口（ひいては生残率）は経済の発展にともなう死亡率の低下により増加する（この詳細な意味は，次章（第3章）を参照されたい)。これを考慮に入れるため，次のデータ処理を行う。

【A－1．データの編集（女子)】

① 次ページ上部の表の要領で，Sheet 2のセルB3～セルL3の各セルに，数値「500000」を入力する（太字で表示。網かけ部分)。これは，先にみたように（2－8式，2－9式)，生命表は毎年100,000人の人間が同時に生まれる，という仮定のもとに計算されるため，5歳階級別に計算を行う簡略生命表ではこれを5倍する必要が生ずるためである。

② セルB4～セルB23にかけて，推計の初期値である出生時平均余命が67.86年の1955年の女子の生命表静止人口を年齢別に入力する（太字で表示。網かけ部分)。

③ セルL4～セルL23にかけて，推計の目標値である平均余命が90.34年の2055年の女子の生命表静止人口を年齢別に入力する（太字で表示。網かけ部分)。

④ セルB24～セルL24にかけて，各年次における女子の出生時平均寿命を入力する（太字で表示。網かけ部分)。

以上の準備作業を行うと，太字で表示された内側には空白のセルが残ることになる。

	A	B	C	D	E	F	G	H	I	J	K	L
1	女F	生命表静止人口										
2	年齢	1955	1960	1965	1970	1975	1980	1985	1990	1995	2000	目標値
3	B	**500000**	**500000**	**500000**	**500000**	**500000**	**500000**	**500000**	**500000**	**500000**	**500000**	**500000**
4	0～ 4歳	**479780**	481789	484144	485644	487567	489180	490663	491888	492707	494216	**499166**
5	5～ 9歳	**472401**	475150	478372	480425	483057	485263	487293	488969	490090	492155	**498928**
6	10～14歳	**470322**	473274	476733	478937	481763	484132	486311	488110	489314	491531	**498803**
7	15～19歳	**468316**	471453	475129	477471	480474	482991	485307	487219	488498	490854	**498582**
8	20～24歳	**464818**	468273	472320	474900	478206	480979	483529	485634	487043	489638	**498148**
9	25～29歳	**459982**	463885	468457	471372	475107	478239	481120	483498	485090	488021	**497635**
10	30～34歳	**454468**	458877	464044	467337	471557	475096	478351	481038	482836	486147	**497010**
11	35～39歳	**448157**	453131	458958	462672	467433	471424	475096	478127	480155	483890	**496143**
12	40～44歳	**440577**	446209	452808	457014	462404	466924	471082	474514	476810	481040	**494915**
13	45～49歳	**430718**	437191	444775	449609	455805	461000	465778	469723	472363	477224	**493171**
14	50～54歳	**416990**	424614	433547	439240	446537	452656	458284	462930	466039	471765	**490547**
15	55～59歳	**397795**	406987	417758	424622	433420	440798	447583	453186	456933	463838	**486483**
16	60～64歳	**370399**	381806	395172	403691	414609	423764	432185	439138	443789	452356	**480459**
17	65～69歳	**330427**	345145	362390	373381	387467	399280	410145	419114	425115	436170	**472428**
18	70～74歳	**273541**	292931	315650	330130	348688	364250	378564	390381	398287	412850	**460618**
19	75～79歳	**201261**	226140	255290	273869	297680	317647	336013	351175	361319	380004	**441294**
20	80～84歳	**124733**	154194	188712	210712	238909	262553	284301	302255	314267	336394	**408971**
21	85～89歳	**59228**	89591	125167	147842	176902	201271	223685	242190	254570	277375	**352176**
22	90～94歳	**18685**	43719	73051	91745	115705	135796	154276	169533	179740	198542	**260214**
23	95～	**2975**	24302	49291	65218	85630	102747	118491	131488	140184	156203	**208743**
24	平均余命	67.86	70.19	72.92	74.66	76.89	78.76	80.48	81.90	82.85	84.60	90.34

【データの補間（女子）】

この空白の部分を，下記の計算式を用いて推計するのである。これは，死亡率の低下にともなう生残率の高まりを計算するための，準備作業である。

$$ {}_5L^f_{x,t} = L^f_{x,1955} + \frac{{}_5L^f_{x,2055} - {}_5L^f_{x,1995}}{\mathring{e}^f_{0,2055} - \mathring{e}^f_{0,1995}} \left(\mathring{e}^f_{0,t} - \mathring{e}^f_{0,1995} \right) $$

このプロセスをより具体的説明すると，およそ次のようになる。

① この式を具体的計算式「=$B4+($L4-$B4)/($L$24-$B$24) ＊ (C$24-B24)」に書き改め，セルＣ４に入力する。すると，数値「481789」が表れる。

② セルＣ４を再度クリックし，同セル右下角にポインタを合わせると，ポインタの色が白（✢）から黒（✚）に変わる。このとき，セルC23までドラッグし，そのままセルK23までドラッグする。すると，上記のように，太字の数値で囲まれた各セル（セルＣ４～セルK23の矩形範囲）の値が求まる。

【データの編集（男子）】

これと同じ処理を，男子の生命表静止人口に関しても施す。

① まず，先の例にならって，初期値等を入力した次ページのような表を，Sheet２のセルA26～セルL49の矩形範囲に作成する（太字，網かけ部分）。

	A	B	C	D	E	F	G	H	I	J	K	L
26	男M	生命表静止人口										
27	年齢	1955	1960	1965	1970	1975	1980	1985	1990	1995	2000	目標値
28	B	**500000**	**500000**	**500000**	**500000**	**500000**	**500000**	**500000**	**500000**	**500000**	**500000**	**500000**
29	0～ 4歳	**477135**	478956	481612	483334	485989	487767	489336	490587	491091	492562	**499090**
30	5～ 9歳	**468905**	471386	475004	477350	480968	483389	485527	487231	487918	489921	**498815**
31	10～14歳	**466310**	468994	472906	475445	479357	481976	484288	486131	486875	489041	**498661**
32	15～19歳	**463709**	466578	470760	473473	477655	480455	482926	484897	485692	488007	**498290**
33	20～24歳	**458874**	462069	466726	469747	474405	477522	480274	482468	483353	485932	**497383**
34	25～29歳	**452523**	456144	461424	464849	470128	473662	476782	479269	480272	483196	**496176**
35	30～34歳	**445983**	450029	455927	459754	465652	469600	473086	475864	476985	480251	**494753**
36	35～39歳	**438847**	443333	449874	454117	460657	465036	468900	471981	473225	476846	**492927**
37	40～44歳	**429954**	434975	442295	447044	454364	459264	463589	467037	468429	472482	**490479**
38	45～49歳	**417384**	423159	431579	437042	445461	451098	456073	460039	461640	466302	**487003**
39	50～54歳	**398809**	405698	415742	422257	432301	439024	444958	449690	451599	457160	**481853**
40	55～59歳	**371952**	380406	392731	400727	413051	421302	428585	434390	436733	443558	**473860**
41	60～64歳	**333370**	343937	359342	369337	384742	395054	404157	411414	414343	422873	**460749**
42	65～69歳	**280095**	293480	312993	325652	345164	358227	369757	378949	382658	393462	**441438**
43	70～74歳	**212459**	229211	253632	269475	293896	310244	324675	336179	340821	354343	**414387**
44	75～79歳	**138840**	158252	186551	204910	233209	252152	268875	282205	287585	303254	**372832**
45	80～84歳	**74188**	94030	122955	141721	170647	190010	207103	220729	226227	242244	**313363**
46	85～89歳	**29489**	46473	71232	87295	112054	128629	143259	154923	159629	173339	**234214**
47	90～94歳	**7008**	18150	34392	44930	61173	72046	81644	89295	92383	101377	**141312**
48	95～	**420**	7009	16614	22845	32450	38880	44556	49081	50907	56225	**79841**
49	平均余命	**63.66**	**65.32**	**67.74**	**69.31**	**71.73**	**73.35**	**74.78**	**75.92**	**76.38**	**77.72**	**83.67**

【データの補間（男子）】

① 太字に囲まれた，空白のセルの部分は，下記の式によって求める

$$ {}_5L^m_{x,t} = L^m_{x,1955} + \frac{{}_5L^m_{x,2055} - {}_5L^m_{x,1995}}{\mathring{e}^m_{0,2055} - \mathring{e}^m_{0,1995}} \left(\mathring{e}^m_{0,t} - \mathring{e}^m_{0,1995} \right) $$

なお，セルC29に入れる具体的計算式は，次の通りである

「=$B29+($L29-$B29)/($L$49-$B$49)*(C$49-B49)」

② 先の要領で残りのセルの部分を計算すると，上記の値が各セルのなかに現れてくる。

（ii）生残率の計算

以上の処理を行った生命表静止人口に，２－３式，２－４式，２－８式，２－９式を用いて生残率を求める（次ページの表を参照）。

① セルB53に「=B４/B３」を入力するすると，生残率の値「0.9596」が現れる。

② 次に，セルB53を再度クリックする。そして，同セルの右下角にポインタを合わせると，ポインタの色が白（✣）から黒（✚）に変わる。

③ このとき，B72までドラッグし，次いでK72までドラッグすると，この矩形範囲内の各セルに，女子の各年齢層の各年次の生残率が現れる。

男子についても，上記の要領で計算を行うと，下記の表が示す結果が現れる。なお，蛇足までに付け足すと，セルB76に入力する計算式は「＝B29/B28」である。

生残率計算結果

	A	B	C	D	E	F	G	H	I	J	K
51	女F	生残率									
52	年齢	1955	1960	1965	1970	1975	1980	1985	1990	1995	2000
53	B	0.9596	0.9636	0.9683	0.9713	0.9751	0.9784	0.9813	0.9838	0.9854	0.9884
54	0～4歳	0.9846	0.9862	0.9881	0.9893	0.9907	0.9920	0.9931	0.9941	0.9947	0.9958
55	5～9歳	0.9956	0.9961	0.9966	0.9969	0.9973	0.9977	0.9980	0.9982	0.9984	0.9987
56	10～14歳	0.9957	0.9962	0.9966	0.9969	0.9973	0.9976	0.9979	0.9982	0.9983	0.9986
57	15～19歳	0.9925	0.9933	0.9941	0.9946	0.9953	0.9958	0.9963	0.9967	0.9970	0.9975
58	20～24歳	0.9896	0.9906	0.9918	0.9926	0.9935	0.9943	0.9950	0.9956	0.9960	0.9967
59	25～29歳	0.9880	0.9892	0.9906	0.9914	0.9925	0.9934	0.9942	0.9949	0.9954	0.9962
60	30～34歳	0.9861	0.9875	0.9890	0.9900	0.9913	0.9923	0.9932	0.9939	0.9944	0.9954
61	35～39歳	0.9831	0.9847	0.9866	0.9878	0.9892	0.9905	0.9916	0.9924	0.9930	0.9941
62	40～44歳	0.9776	0.9798	0.9823	0.9838	0.9857	0.9873	0.9887	0.9899	0.9907	0.9921
63	45～49歳	0.9681	0.9712	0.9748	0.9769	0.9797	0.9819	0.9839	0.9855	0.9866	0.9886
64	50～54歳	0.9540	0.9585	0.9636	0.9667	0.9706	0.9738	0.9767	0.9789	0.9805	0.9832
65	55～59歳	0.9311	0.9381	0.9459	0.9507	0.9566	0.9614	0.9656	0.9690	0.9712	0.9752
66	60～64歳	0.8921	0.9040	0.9170	0.9249	0.9345	0.9422	0.9490	0.9544	0.9579	0.9642
67	65～69歳	0.8278	0.8487	0.8710	0.8842	0.8999	0.9123	0.9230	0.9314	0.9369	0.9465
68	70～74歳	0.7358	0.7720	0.8088	0.8296	0.8537	0.8721	0.8876	0.8996	0.9072	0.9204
69	75～79歳	0.6198	0.6819	0.7392	0.7694	0.8026	0.8266	0.8461	0.8607	0.8698	0.8852
70	80～84歳	0.4748	0.5810	0.6633	0.7016	0.7405	0.7666	0.7868	0.8013	0.8100	0.8246
71	85～89歳	0.3155	0.4880	0.5836	0.6206	0.6541	0.6747	0.6897	0.7000	0.7061	0.7158
72	90～94歳	0.1592	0.5559	0.6748	0.7109	0.7401	0.7566	0.7680	0.7756	0.7799	0.7867
73											
74	男F	生残率									
75	年齢	1955	1960	1965	1970	1975	1980	1985	1990	1995	2000
76	B	0.9543	0.9579	0.9632	0.9667	0.9720	0.9755	0.9787	0.9812	0.9822	0.9851
77	0～4歳	0.9828	0.9842	0.9863	0.9876	0.9897	0.9910	0.9922	0.9932	0.9935	0.9946
78	5～9歳	0.9945	0.9949	0.9956	0.9960	0.9967	0.9971	0.9974	0.9977	0.9979	0.9982
79	10～14歳	0.9944	0.9948	0.9955	0.9959	0.9965	0.9968	0.9972	0.9975	0.9976	0.9979
80	15～19歳	0.9896	0.9903	0.9914	0.9921	0.9932	0.9939	0.9945	0.9950	0.9952	0.9957
81	20～24歳	0.9862	0.9872	0.9886	0.9896	0.9910	0.9919	0.9927	0.9934	0.9936	0.9944
82	25～29歳	0.9855	0.9866	0.9881	0.9890	0.9905	0.9914	0.9922	0.9929	0.9932	0.9939
83	30～34歳	0.9840	0.9851	0.9867	0.9877	0.9893	0.9903	0.9912	0.9918	0.9921	0.9929
84	35～39歳	0.9797	0.9811	0.9832	0.9844	0.9863	0.9876	0.9887	0.9895	0.9899	0.9908
85	40～44歳	0.9708	0.9728	0.9758	0.9776	0.9804	0.9822	0.9838	0.9850	0.9855	0.9869
86	45～49歳	0.9555	0.9587	0.9633	0.9662	0.9705	0.9732	0.9756	0.9775	0.9782	0.9804
87	50～54歳	0.9327	0.9377	0.9447	0.9490	0.9555	0.9596	0.9632	0.9660	0.9671	0.9702
88	55～59歳	0.8963	0.9041	0.9150	0.9217	0.9315	0.9377	0.9430	0.9471	0.9487	0.9534
89	60～64歳	0.8402	0.8533	0.8710	0.8817	0.8971	0.9068	0.9149	0.9211	0.9235	0.9305
90	65～69歳	0.7585	0.7810	0.8103	0.8275	0.8515	0.8661	0.8781	0.8871	0.8907	0.9006
91	70～74歳	0.6535	0.6904	0.7355	0.7604	0.7935	0.8128	0.8281	0.8394	0.8438	0.8558
92	75～79歳	0.5343	0.5942	0.6591	0.6916	0.7317	0.7536	0.7703	0.7822	0.7866	0.7988
93	80～84歳	0.3975	0.4942	0.5793	0.6160	0.6566	0.6770	0.6917	0.7019	0.7056	0.7156
94	85～89歳	0.2376	0.3905	0.4828	0.5147	0.5459	0.5601	0.5699	0.5764	0.5787	0.5848
95	90～94歳	0.0599	0.3862	0.4831	0.5085	0.5305	0.5397	0.5457	0.5496	0.5510	0.5546

（iii）女子人口の推計

以上の処理を行ったデータを用いて，女子人口の推計を行う。

【生残率の活用】

① まず，セルB99～セルB118に，18ページに示した表２－１のなかの1955年の年齢別女子人口をコピーする（太字で表示。網かけ部分）。

② セルC100に，先の２－１式の計算式「=B99＊B54」を入力する。すると，セルC100のなかに，1960年の５～９歳の女子人口の値「4451913」が現れる。

③ このとき，セルC100を再度クリックし，そして，同セルの右下角にポインタを合わせると，ポインタの色が白（✜）から黒（✚）に変わる。

④　このとき，セルC118までドラッグし，次いでセルK118までドラッグする。すると，この矩形範囲内の各セルのなかに，各年の各年齢層を生き残った女子人口を示す数字が現れてくる。しかし，いくつかのセルの値は「0」である。これは，本モデル内の“まだ生まれていない人口”を示しているので，気にせずともよい。

	A	B	C	D	E	F	G	H	I	J	K	L
97	女	人口										
98	年齢	1955	1960	1965	1970	1975	1980	1985	1990	1995	2000	
99	0～4歳	**4521453**										
100	5～9歳	**5406151**	4451913	0	0	0	0	0	0	0	0	
101	10～14歳	**4692060**	5382359	4434332	0	0	0	0	0	0	0	
102	15～19歳	**4284190**	4672048	5361650	4419410	0	0	0	0	0	0	
103	20～24歳	**4206867**	4252190	4640530	5329959	4395612	0	0	0	0	0	
104	25～29歳	**3828981**	4163098	4212345	4602577	5290359	4367121	0	0	0	0	
105	30～34歳	**3319724**	3783081	4118161	4172659	4563177	5250828	4338417	0	0	0	
106	35～39歳	**2795654**	3273624	3735704	4073029	4131014	4523268	5210252	4308897	0	0	
107	40～44歳	**2620604**	2748369	3223619	3685644	4023215	4086574	4480090	5166231	4276338	0	
108	45～49歳	**2231679**	2561962	2692824	3166435	3625931	3965797	4034724	4429654	5114072	4236447	
109	50～54歳	**1920259**	2160550	2488259	2624843	3093409	3552207	3894017	3969806	4365594	5045608	
110	55～59歳	**1597826**	1831865	2070861	2397640	2537487	3002540	3459149	3803094	3886240	4280300	
111	60～64歳	**1269812**	1487784	1718525	1958903	2279452	2427357	2886517	3340145	3685205	3774442	
112	65～69歳	**1047973**	1132779	1344926	1575961	1811824	2130232	2287107	2739309	3187847	3530143	
113	70～74歳	**798893**	867555	961411	1171462	1393408	1630489	1943342	2111001	2551508	2986665	
114	75～79歳	**533647**	587795	669744	777565	971819	1189572	1421880	1724907	1898993	2314683	
115	80～84歳	**244597**	330732	400788	495079	598252	779952	983248	1203055	1484623	1651703	
116	85～89歳	**77504**	116144	192166	265832	347362	442982	597906	773611	963980	1202610	
117	90～94歳	**15251**	24451	56676	112152	164965	227196	298877	412377	541528	680622	
118	95～	**1687**	2428	13592	38242	79724	122086	171902	229550	319836	422352	
119	合計	45414812	43830728	42336112	40867391	39307011	37698201	36007427	34211638	32275764	30125574	
120												

【出生率の計算】

さて，この“まだ生まれていない人口”に関しては，次の処理を行う。

①　下記の表が示しているように，Sheet 2のセルB123～セルB129に1955年の年齢別出生率を先の表2－1からコピーする（太字，網かけ部分）。

	A	B	C	D	E	F	G	H	I	J	K
121	年齢別出生率										
122	年齢	1955	1960	1965	1970	1975	1980	1985	1990	1995	2000
123	15～19歳	**0.0296**	0.0249	0.0267	0.0265	0.0238	0.0218	0.0219	0.0192	0.0177	0.0169
124	20～24歳	**0.5602**	0.4714	0.5044	0.5021	0.4502	0.4125	0.4149	0.3630	0.3347	0.3206
125	25～29歳	**0.9072**	0.7634	0.8169	0.8131	0.7291	0.6680	0.6718	0.5879	0.5420	0.5191
126	30～34歳	**0.5640**	0.4746	0.5079	0.5055	0.4533	0.4153	0.4177	0.3655	0.3370	0.3227
127	35～39歳	**0.2484**	0.2090	0.2237	0.2226	0.1996	0.1829	0.1840	0.1610	0.1484	0.1421
128	40～44歳	**0.0634**	0.0534	0.0571	0.0568	0.0510	0.0467	0.0470	0.0411	0.0379	0.0363
129	45～49歳	**0.0038**	0.0032	0.0034	0.0034	0.0031	0.0028	0.0028	0.0025	0.0023	0.0022
130	合計出生率	2.3766	**2.0000**	**2.1400**	**2.1300**	**1.9100**	**1.7500**	**1.7600**	**1.5400**	**1.4200**	**1.3600**

②　同様に，セルB130～K130のなかに，表2－1に記載された合計（特殊）出生率 *TFR* の値をコピーする（太字，網かけ部分）。

③　セルC123に，計算式「=$B123＊ (C$130/B130)」を入力する。すると，1960年の15～19歳の女子人口の年齢別出生率の値「0.0249」が現れる。

　この計算式は，合計（特殊）出生率が変化すると，それにともなって年齢別出生率も変化するという仮定を示す次ページの式，

$$ {}_5ASFR_{x,\,t} = {}_5ASFR_{x,\,1955} \cdot \frac{TFR_t}{TFR_{1955}} $$

をExcelの計算用に書き改めたものである。

ちなみに，合計（特殊）出生率は年齢別出生率の総和であるが，両者の関係に関しては，第4章（出生）を参照されたい。

④ 次いで，再度セルC123をクリックし，同セルの右下角にポインタを合わせると，ポインタの色が白（✚）から黒（✚）に変わる。

⑤ このとき，セルC129までドラッグし，次いでセルK129までドラッグする。すると，この矩形範囲内の各セルのなかに，各年次における妊孕可能年齢女子の年齢別出生率が現れてくる。

【出生数の計算】

こうして求めた年齢別出生率であるが，先の2－5式が示しているように，これを妊孕可能年齢女子人口に乗ずることにより，その年齢層の女子が生む出生数を求めることができ，その総和を求めれば出生総数を計算できる。そこで，次の処理を行う。

① セルB134に，この2－5式のExcelの計算式「=((B102+C102)/2) ＊ B123」を入力すると，15歳～19歳女子の出生数「132552」を得ることができる。

② 次いで，セルB134を再度クリックし，同セルの右下角にポインタを合わせると，ポインタの色が白（✚）から黒（✚）に変わる。

③ このとき，セルB140までドラッグし，次いでセルK140までドラッグする。すると，この矩形範囲内の各セルのなかに，各妊孕可能年齢女子からの出生数が現れる。なお，このうちいくつかのセルの値は「0」であるが，“まだ生まれていない女子（人口）”からは，子供が生まれることはないので，このままでよい。

④ セルB141に，年齢別出生数の総和を求める計算式「=SUM(B134:B140)」を入力することにより，総出生数を求める。ほかの年次についても同様である。

	A	B	C	D	E	F	G	H	I	J	K
132	出生数										
133	年齢	1955	1960	1965	1970	1975	1980	1985	1990	1995	2000
134	15～19歳	132552	124967	130349	58621	0	0	0	0	0	0
135	20～24歳	2369382	2096150	2514716	2441485	989492	0	0	0	0	0
136	25～29歳	3625207	3197097	3600408	4021843	3520609	1458660	0	0	0	0
137	30～34歳	2002991	1875079	2105268	2207911	2224219	1991226	906029	0	0	0
138	35～39歳	753804	732611	873300	913226	863846	890184	875553	346784	0	0
139	40～44歳	170196	159314	197221	219018	206611	199968	226457	193964	80997	0
140	45～49歳	9108	8402	10024	11567	11593	11193	11910	11750	10615	4606
141	総出生数	9063241	8193620	9431287	9873669	7816370	4551232	2019949	552498	91613	4606
142											
143	年次	1955	1960	1965	1970	1975	1980	1985	1990	1995	2000
144	女児数	4421093	3996888	4600628	4816424	3812863	2220113	985341	269511	44689	2247
145	男児数	4642148	4196732	4830659	5057245	4003507	2331119	1034608	282987	46924	2359

【女児・男児の計算】

以上の作業から総出生数は求まったが，この出生数には男女の区別がない。しかし，先に２－６式と２－７式を説明する際に述べたように，出生時の男女の性比はおよそ女が100に対して男は105，という安定した関係にあることが知られている。そこで，これを用いて男女の配分係数（女：100/205，男：105/205）を作成し，これを総出生数に乗ずることによって，女児数と男児数を求める。その具体的作業は，下記の通りである。

① セルB144に計算式「=B141＊(100/205)」を，セルB145に計算式「=B141＊(105/205)」を入力する。すると，それぞれのセルに，女児数（4421093）と男児数（4642148）が現れてくる。

② セルB144～セルB145までドラッグし，セルB145の右下角にポインタを合わせるとポインタの色が白（✙）から黒（✚）に変わる。このとき，セルK145までドラッグすると，この矩形範囲内の各セル中に，各年次の女児数と男児数が現れる。

【０～４歳人口の計算（女子）】

次は，女児数および男児数をもとに，このモデル内の“まだ生まれていない人口”，すなわち，1960年～2000年の０～４歳の男女別人口を計算する。その作業手順は，およそ次の通りである（次ページの表を参照）。

① まず，先に示した「女子人口の推計」の表に戻る。

② 下記の表のセルC99に計算式「=B144＊ B53」を入力する。すると，セルC99には「4242304」という数値が現れる（次ページの表を参照）。この値は，先の２－６式からも分かるように，1955～1960年の期間に生まれた女児（$TB_{1955\sim60}$・(100/105)）に，この女児が０～４歳まで生きる生残率${}_5S^f_{B,t}$を乗ずるのであるから，当然のことながら，1960年の０～４歳の女子人口を意味していることになる。

③ セルC99を再度クリックし，セルC99の右下角にポインタを合わせると色が白（✙）から黒（✚）に変わる。このとき，セルK99までドラッグすると，この範囲内の各セル中に，各年次の女子人口を示す数値が現れる。同時に，次ページの表が示すように，「0」の値が入っていたセルにも女子人口を示す数値が一挙に現れる。

	A	B	C	D	E	F	G	H	I	J	K	L
97	女	人口										
98	年齢	1955	1960	1965	1970	1975	1980	1985	1990	1995	2000	
99	0～4歳	**4521453**	4242304	3851307	4454702	4704221	4205938	3648340	3495334	3073984	2916054	
100	5～9歳	**5406151**	4451913	4183847	3805394	4406830	4660702	4172264	3623281	3474592	3057655	
101	10～14歳	**4692060**	5382359	4434332	4169511	3793608	4395024	4649834	4163856	3616919	3469090	
102	15～19歳	**4284190**	4672048	5361650	4419410	4156748	3783458	4384671	4640235	4156254	3610889	
103	20～24歳	**4206867**	4252190	4640530	5329959	4395612	4137133	3767695	4368608	4625145	4143875	
104	25～29歳	**3828981**	4163098	4212345	4602577	5290359	4367121	4113566	3748923	4349392	4606596	
105	30～34歳	**3319724**	3783081	4118161	4172659	4563177	5250828	4338417	4089888	3729844	4329183	
106	35～39歳	**2795654**	3273624	3735704	4073029	4131014	4523268	5210252	4308897	4065139	3709135	
107	40～44歳	**2620604**	2748369	3223619	3685644	4023215	4086574	4480090	5166231	4276338	4036824	
108	45～49歳	**2231679**	2561962	2692824	3166435	3625931	3965797	4034724	4429654	5114072	4236447	
109	50～54歳	**1920259**	2160550	2488259	2624843	3093409	3552207	3894017	3969806	4365594	5045608	
110	55～59歳	**1597826**	1831865	2070861	2397640	2537487	3002540	3459149	3803094	3886240	4280300	
111	60～64歳	**1269812**	1487784	1718525	1958903	2279452	2427357	2886517	3340145	3685205	3774442	
112	65～69歳	**1047973**	1132779	1344926	1575961	1811824	2130232	2287107	2739309	3187847	3530143	
113	70～74歳	**798893**	867555	961411	1171462	1393408	1630489	1943342	2111001	2551508	2986665	
114	75～79歳	**533647**	587795	669744	777565	971819	1189572	1421880	1724907	1898993	2314683	
115	80～84歳	**244597**	330732	400788	495079	598252	779952	983248	1203055	1484623	1651703	
116	85～89歳	**77504**	116144	192166	265832	347362	442982	597906	773611	963980	1202610	
117	90～94歳	**15251**	24451	56676	112152	164965	227196	298877	412377	541528	680622	
118	95～	**1687**	2428	13592	38242	79724	122086	171902	229550	319836	422352	
119	合計	45414812	48073032	50371266	53296997	56368418	58880456	60743796	62341762	63367033	64004874	

（iv）男子人口の推計

男子人口の推計は，出生推計がないため，女子に比して簡単である。

① 表２－１の1955年の男子の年齢別人口と総人口の推移に関するデータを，下記の表が示す要領でセルB149～B168，セルB171～セルK171にコピーする。

② セルC150に計算式「=B149＊B77」を入力する。後は，先の女子人口推計の要領で作業すると，ほかの各セルのなかに各年次の男子の年齢別人口の推計値が現れる。

	A	B	C	D	E	F	G	H	I	J	K
147	男	人口									
148	年齢	1955	1960	1965	1970	1975	1980	1985	1990	1995	2000
149	0～4歳	**4726375**									
150	5～9歳	**5636545**	4644851	0	0	0	0	0	0	0	0
151	10～14歳	**4815846**	5605351	4621276	0	0	0	0	0	0	0
152	15～19歳	**4341411**	4788984	5576476	4600302	0	0	0	0	0	0
153	20～24歳	**4196455**	4296144	4742702	5528689	4564101	0	0	0	0	0
154	25～29歳	**3775418**	4138374	4241062	4688823	5471036	4522959	0	0	0	0
155	30～34歳	**2797266**	3720855	4082891	4190541	4637430	5418943	4484171	0	0	0
156	35～39歳	**2319520**	2752508	3665496	4028683	4139164	4587689	5366270	4444502	0	0
157	40～44歳	**2324772**	2272516	2700614	3603745	3965934	4082613	4530748	5305485	4397944	0
158	45～49歳	**2135535**	2256806	2210786	2635185	3523114	3888229	4010020	4457290	5225987	4334203
159	50～54歳	**1929267**	2040496	2163681	2129657	2546041	3419027	3784158	3912296	4357013	5112318
160	55～59歳	**1607718**	1799344	1913288	2043924	2021067	2432673	3281012	3644906	3779194	4213591
161	60～64歳	**1226805**	1440952	1626844	1750627	1883818	1882548	2281115	3094010	3452118	3585441
162	65～69歳	**919065**	1030752	1229557	1417005	1543564	1690035	1707053	2086954	2849856	3188135
163	70～74歳	**593782**	697134	805028	996364	1172565	1314294	1463664	1498924	1851412	2538275
164	75～79歳	**342062**	388031	481315	592112	757638	930438	1068199	1212111	1258271	1562220
165	80～84歳	**133193**	182778	230559	317234	409521	554391	701135	822789	948061	989814
166	85～89歳	**33852**	52943	90335	133571	195404	268909	375298	484996	577490	668965
167	90～94歳	**5369**	8045	20677	43616	68748	106675	150618	213883	279545	334213
168	95～	**460**	322	3107	9988	22177	36469	57568	82198	117560	154040
169	合計	43860716	42117186	40405693	38710067	36921321	35135891	33261029	31260345	29094450	26681215
170	総人口(推計)	89276	90190	90777	92007	93290	94016	94005	93602	92461	90686
171	総人口(現実)	**89276**	**93419**	**98275**	**103720**	**111940**	**117060**	**121049**	**123611**	**125570**	**126926**

③ セルC149に計算式「=B145＊B76」を入力し，1960年の男子０～４歳人口を推計する。ほかの年次に関しても，ドラッグ機能を使えば容易に推計できる。

	A	B	C	D	E	F	G	H	I	J	K	L
147	男	人口										
148	年齢	1955	1960	1965	1970	1975	1980	1985	1990	1995	2000	
149	0〜 4歳	**4726375**	4429863	4020094	4652975	4915938	4401944	3819692	3660174	3219147	3051817	
150	5〜 9歳	**5636545**	4644851	4359847	3964936	4595369	4865141	4362437	3789958	3635135	3198347	
151	10〜14歳	**4815846**	5605351	4621276	4340597	3949106	4579982	4850921	4351309	3781406	3627362	
152	15〜19歳	**4341411**	4788984	5576476	4600302	4322600	3935087	4565527	4837281	4340257	3772215	
153	20〜24歳	**4196455**	4296144	4742702	5528689	4564101	4293181	3911067	4540454	4813056	4319364	
154	25〜29歳	**3775418**	4138374	4241062	4688823	5471036	4522959	4258477	3882627	4510346	4782376	
155	30〜34歳	**2797266**	3720855	4082891	4190541	4637430	5418943	4484171	4225463	3855044	4479475	
156	35〜39歳	**2319520**	2752508	3665496	4028683	4139164	4587689	5366270	4444502	4190987	3824651	
157	40〜44歳	**2324772**	2272516	2700614	3603745	3965934	4082613	4530748	5305485	4397944	4148512	
158	45〜49歳	**2135535**	2256806	2210786	2635185	3523114	3888229	4010020	4457290	5225987	4334203	
159	50〜54歳	**1929267**	2040496	2163681	2129657	2546041	3419027	3784158	3912296	4357013	5112318	
160	55〜59歳	**1607718**	1799344	1913288	2043924	2021067	2432673	3281012	3644906	3779194	4213591	
161	60〜64歳	**1226805**	1440952	1626844	1750627	1883818	1882548	2281115	3094010	3452118	3585441	
162	65〜69歳	**919065**	1030752	1229557	1417005	1543564	1690035	1707053	2086954	2849856	3188135	
163	70〜74歳	**593782**	697134	805028	996364	1172565	1314294	1463664	1498924	1851412	2538275	
164	75〜79歳	**342062**	388031	481315	592112	757638	930438	1068199	1212111	1258271	1562220	
165	80〜84歳	**133193**	182778	230559	317234	409521	554391	701135	822789	948061	989814	
166	85〜89歳	**33852**	52943	90335	133571	195404	268909	375298	484996	577490	668965	
167	90〜94歳	**5369**	8045	20677	43616	68748	106675	150618	213883	279545	334213	
168	95〜	**460**	322	3107	9988	22177	36469	57568	82198	117560	154040	
169	合計	43860716	46547049	48785634	51668574	54704335	57211226	59029150	60547610	61439828	61885334	
170	総人口(推計)	89276	94620	99157	104966	111073	116092	119773	122889	124807	125890	
171	総人口(現実)	**89276**	**93419**	**98275**	**103720**	**111940**	**117060**	**121049**	**123611**	**125570**	**126926**	

7．推計結果の検討

以上の推計結果を基に，日本の総人口の推移（1955〜2000年）と2000年の男女年齢別人口について現実値と推計値の比較を行った結果が，次の２つの図である。

図２−７　総人口の推移

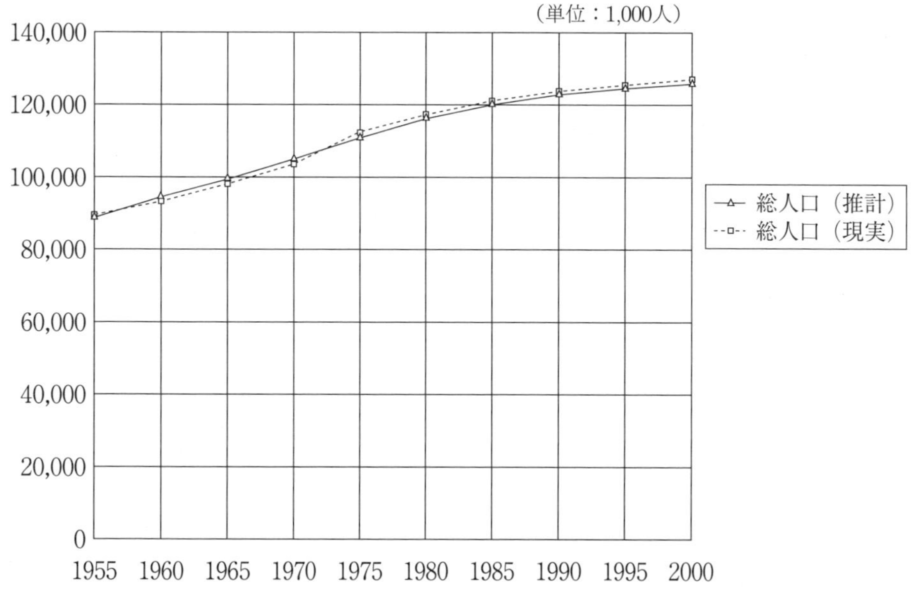

図2－8　2000年人口の推計値と現実値

（単位：人）

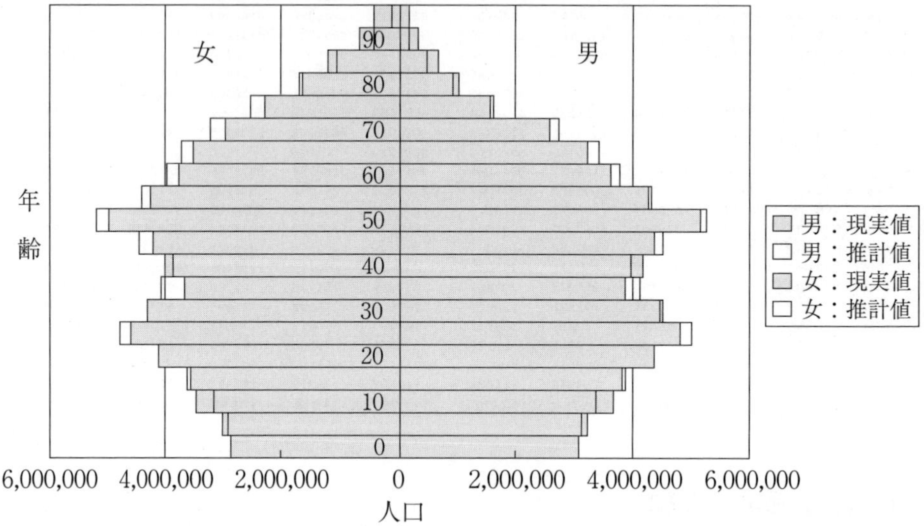

これらの図からわかるように，両図とも誤差はかなり小さく，本簡易人口モデルの信頼が高く，本モデルには十分な状況追跡能力のあることがわかる。

人口モデルを用いた以上の作業から，出生と死亡とが人口規模や男女年齢別構成を決定する，という人口の仕組を自らの手で確認することができたであろう。

なお，上記人口モデルのVBAプログラムを，最後に示しておく。ただし，このプログラムは後の章において，経済モデルと連動させることを考えて，推計原理はまったく同じであるが，表計算の場合とは若干計算手順を変えている点に留意されたい。なお，このプログラムの推計結果は，Sheet 4に表示される。

ちなみに，このプログラムの動かし方は，たとえば，Office2003のExcelでは，【ツール（T）】⇒【マクロ（M）】⇒【マクロ（M）】の順に操作してゆくと，ダイアログボックス【マクロ】が出てくる。そこで，実施するプログラムのマクロ名を指定し，【実行（R）】キーをクリックすると，このプログラムが自動的にExcel内に入力された統計データを読み取り，既述の簡易人口モデルのシミュレーションを実施し，その推計結果をSheet 4に表わす。

Office2007等のバージョンが異なる場合は，その使用説明書を参照されたい。

人口モデルの VBA プログラム

```
Sub demo_model()

Dim pf, pm, lf, lm, sf, sm, asfr, tfr, yp, wp, op, tp, ef, em

a = 20: t = 10: t1 = t + 1

ReDim lf(a, t1), lm(a, t1), sf(a, t), sm(a, t), pf(a, t), pm(a, t), asfr(a, t), tfr(t), yp(t), wp(t), op(t), tp(t), ef(t1),
em(t1)

For j = 0 To a
  lf(j, 1) = Sheets("Sheet2").Cells(j + 3, 2).Value
    lf(j, t1) = Sheets("Sheet2").Cells(j + 3, 12).Value
    lm(j, 1) = Sheets("Sheet2").Cells(j + 28, 2).Value
  lm(j, t1) = Sheets("Sheet2").Cells(j + 28, 12).Value
Next j

For i = 1 To t1
ef(i) = Sheets("Sheet2").Cells(24, i + 1).Value
em(i) = Sheets("Sheet2").Cells(49, i + 1).Value
Next i

For k = 2 To t - 1
  lf(0, k) = 500000
  lm(0, k) = 500000
Next k

For i = 1 To a
  pf(i, 1) = Sheets("Sheet2").Cells(i + 98, 2).Value
  pm(i, 1) = Sheets("Sheet2").Cells(i + 148, 2).Value
Next i

  ty = 0
For l = 1 To 3
    ty = ty + (pf(l, 1) + pm(l, 1)) / 1000
```

```
Next l
  yp(1) = ty

  tw = 0
For n = 4 To 13
    tw = tw + (pf(n, 1) + pm(n, 1)) / 1000
Next n
  wp(1) = tw

  ot = 0
For i = 14 To a
  ot = ot + (pf(i, 1) + pm(i, 1)) / 1000
Next i
  op(1) = ot

tp(1) = op(1) + wp(1) + yp(1)

For k = 1 To t
  For l = 1 To a
    asfr(l, k) = 0
  Next l
Next k

For n = 4 To 10
  asfr(n, 1) = Sheets("Sheet2").Cells(n + 119, 2).Value
Next n

For m = 1 To t
tfr(m) = Sheets("Sheet2").Cells(130, m + 1).Value
Next m


'【人口推計】
'＊　始点
```

```
For k = 2 To t

  For i = 1 To a
    sf(i - 1, k - 1) = lf(i, k - 1) / lf(i - 1, k - 1)
    sm(i - 1, k - 1) = lm(i, k - 1) / lm(i - 1, k - 1)
  Next i

For j = 2 To a
  pf(j, k) = pf(j - 1, k - 1) * sf(j - 1, k - 1)
  pm(j, k) = pm(j - 1, k - 1) * sm(j - 1, k - 1)
Next j

  tb = 0
For m = 1 To a
  tb = tb + ((pf(m, k - 1) + pf(m, k)) / 2) * asfr(m, k - 1)
Next m

pf(1, k) = tb * (100 / 205) * sf(0, k - 1)
pm(1, k) = tb * (105 / 205) * sm(0, k - 1)

  ty = 0
For l = 1 To 3
  ty = ty + (pf(l, k) + pm(l, k)) / 1000
Next l
  yp(k) = ty

  tw = 0
For n = 4 To 13
  tw = tw + (pf(n, k) + pm(n, k)) / 1000
Next n
  wp(k) = tw

  ot = 0
For i = 14 To a
  ot = ot + (pf(i, k) + pm(i, k)) / 1000
```

```
Next i
  op(k) = ot

  tp(k) = op(k) + wp(k) + yp(k)


'【生命表静止人口&年齢別出生率の推計】
For i = 1 To a
  lf(i, k) = lf(i, 1) + ((lf(i, t1) - lf(i, 1)) / (ef(t1) - ef(1))) * (ef(k) - ef(1))
  lm(i, k) = lm(i, 1) + ((lm(i, t1) - lm(i, 1)) / (em(t1) - em(1))) * (em(k) - em(1))
Next i

For j = 1 To a
  asfr(j, k) = asfr(j, 1) * (tfr(k) / tfr(1))
Next j

Next k

For m = 1 To t
 Sheets("sheet4").Cells(3, m + 1).Value = tp(m)
Next m


End Sub
```

第3章
死　亡

1．はじめに

前章の人口転換理論に関連する節では，経済の発展にともなって一国の人口状況（出生と死亡）が高出生高死亡率から低出生低死亡率へと推移することをみた。しかし，これはあくまでも形態論的な議論であって，その低下に影響を及ぼしている諸要因の詳細を論じてはいない。そこで，本章では，経済発展と死亡との関連を概観する。

2．死亡の社会経済的決定要因

人間の死亡現象を経済的側面から分析することは，一般的に，これまであまり盛んではなかった。その一因としては，死を忌避し長寿を願うのが人間の常であると同時に，子供を産むか否かを夫婦が意識的に決定する出生とは違って，死は人間の意思とかかわりなく訪れる（死を意識的に決定すれば，それは自殺である），という点があげられる。

（1）死亡率低下の社会経済的要因

しかしながら，人口学者のサミュエル・プレストン（Preston, 1976）は，死亡率の低下と経済的要因との間に関係があることを見出した。いま縦軸に出生時平均余命$\mathring{e}_0$を測り，横軸に1人当たり国民所得（所得水準）を測ったうえで，各国の出生時平均余命（以下，平均寿命と呼ぶ）と所得水準との組み合わせをプロットしてゆくと，平均寿命と所得水準との間には次ページの図3－1と式が示しているような関係を見出すことができる。すなわち，1人当たり国民所得の上昇にともなって，平均寿命は延長する（すなわち，死亡率は低下する）ことがわかる（ただし，下記の式中の記号Y′は，1人当たり国民所得を示す指標である）。

図３－１　出生時平均余命と１人当たり国民所得との関係

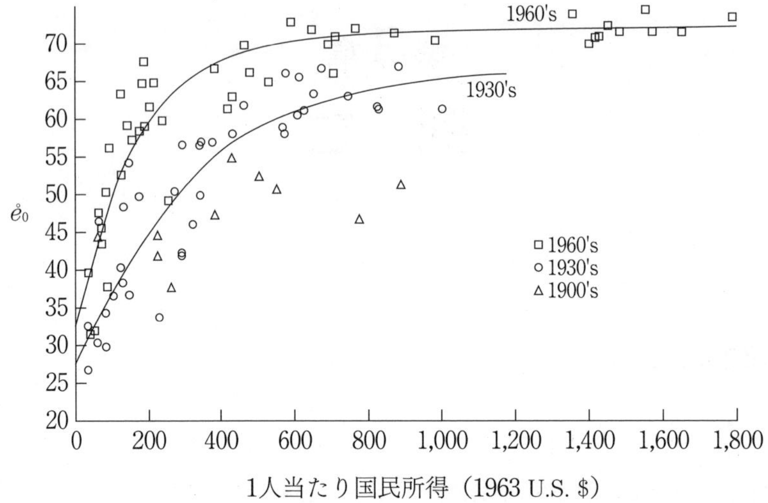

出所：Preston, 1976.

1930年代

$$\mathring{e}_0 = \frac{80}{1 + \exp\{-1.6251 + 2.0768(0.9317)^{Y}\}}$$

1960年代

$$\mathring{e}_0 = \frac{80}{1 + \exp\{-2.1354 + 2.1697(0.7672)^{Y}\}}$$

しかしながら，この曲線が示す平均寿命と所得水準との間にみられる関係は決して一様ではなく，１人当たり国民所得の低い場合には，所得水準がわずかに増加しただけでも，平均寿命は大きく延びる（死亡率は大幅に低下する）ことになる。これに対して，１人当たり国民所得水準の高い場合には，所得が大幅に増加しても，平均寿命はさほど延びない（死亡率の低下はさほど大きくはない)。とはいえ，所得水準の上昇と平均寿命の延び（死亡率の低下）との間に，一定の関係があることは確かであろう。

（２）社会経済発展と死亡率の決定要因

さて，死亡率低下の決定要因に関する研究は，その主要因を医療の発展に求める医療重視説，経済の発展による生活水準の向上を主要因とみなす経済重視説，医療重視説と経済重視説を折衷した中間説，の３つに大別できる（大塚，1985a，1984)。これらの説は，キングスレー・デービス（Davis, 1956）が唱えた「文化の伝播」に基づくなら，社会経済の

表３－１　死亡率の低下と経済状況

社会経済状況	主要死因	病　名	死亡率の決定要因（仮説名）	死亡率の低下速度
低発展段階	細菌性疾患（伝染病）	肺炎・気管支炎，胃腸炎など	医療要因（医療重視説）	急速
発展段階	伝染病から生活習慣病などへの過渡期	過渡期	医療・経済的要因（中間説）	緩慢
成熟段階	非伝染性の慢性疾患（生活習慣病など）	悪性新生物，心疾患など	経済的要因（経済重視説）	さらに緩慢

資料：大塚，1985a。

発展段階，死因構造の変化，死亡率の低下速度などと関連づけることによって，整合性のある形でまとめることができる（表３－１を参照）。

かつて，キングスレー・デービスは，文化は高い国から低い国へ伝播するが，伝播する内容は決して一様ではなく，疾病の忌避と長寿への願望は万国共通であるため，医療技術等がもっとも早く伝播し，他の文化的要因はその後に伝播する，とした。より具体的にいえば，主要死因が細菌性疾患である低発展段階においては，新たに導入された進んだ医療技術などが大きな効果を発揮し，死亡率を急速に低下させることになる。

こう考えるなら，経済発展が進展して成熟段階に入った状況下では，主要死因は生活習慣病や悪性新生物などになり，死亡率の低下速度は緩慢になる（これは，生活習慣病などに対しては，医療技術も伝染病に対するほどの劇的な効果を発揮しないためである）。そして，これらの治療には教育水準，長期間の治療を可能にする資力，などといった社会経済的要因（すなわち，医療技術などに遅れて効果を発揮する要因）が重要になってくる。また，両段階の中間の発展段階は，主要死因が伝染病から成人病へ変遷する途上にあり，医療要因も経済的要因も死亡率の低下に貢献するが，死亡率の低下速度は成熟段階よりは速いものの低発展段階よりは緩慢になる，という状況が生じているはずである。

つまり，経済状況が低発展段階 → 発展段階 → 成熟段階へと階梯を上げるにつれて，死亡率の決定要因も医療要因 → 医療要因と経済要因 → 経済要因と推移することになる，と考えられることができるのである。次に，死亡率の決定要因このような推移を，日本経験を事例として実証的に確かめてみよう。

（３）日本の事例

第２次世界大戦後の日本は，1945～1955年にかけて戦火に疲弊した経済を復興させ，次いで経済の高度成長（1955～1973年）を実現した後に，安定した成熟型の経済成長期（1973～1985年）を迎える。これらの状況は低発展段階，発展段階，成熟段階に匹敵する，といえるであろう。そこで，この時期の日本の死亡率を，パス解析により分析する（大塚，1985a)。パス解析とは，重回帰分析とは異なって，被説明変数が説明変数から受ける直接のみならず，間接的な影響をも矢印の図（パス・ダイヤグラム）と数値（パス係数）とによって視覚的に提示することのできる，便利な分析用具である。

まず，図３－２が示しているのは，死亡率低下のパス解析の理論モデルである。このモデルの矢印が示すように，死亡率Mの低下は医療水準MC，生活水準SOL，教育水準ED，生活環境・インフラストラクチャー$SILC$などから直接的影響および間接的影響を受けている。すなわち，SOLの向上はMの低下に直接影響を及ぼす一方，MCの向上への影響を経てMの低下に間接的影響をも及ぼしている，といったことである。

図３－２　理論モデル

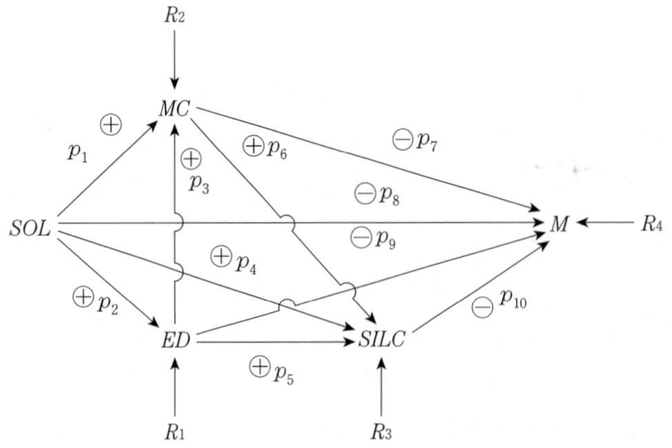

（注）
SOL：生活水準
MC：医療水準
$SILC$：生活環境・インフラストラクチャー
ED：教育水準
M：死亡率
⊕，⊖：想定される関係が正であるか負であるかを示す
p_1～p_{10}：パス係数
R_1～R_4：残差パス

出所：大塚，1985a。

このモデルを用いてパス解析を行った場合，医療重視説が大きな効果を発揮している場合，医療要因MCから死亡率Mに向かう矢印の値が示す負の直接的影響が大きくなる反面，他の要因からMに向かう矢印は消えてしまうか，その矢印のマイナスの影響度を示す数値は小さくなる。これとは逆に，経済的要因が大きな効果を発揮している場合，生活水準SOL，教育水準ED，生活環境・インフラストラクチャー$SILC$からMへ向かう矢印の負の影響が大きくなる反面，医療要因MCからMに向かう矢印は消えるか，その矢印が示すマイナスの直的影響度を示す数値は小さくなる。また，中間説が作用している場合には，すべての要因がMにマイナスの影響を及ぼすはずである。

さて，パス解析の結果を示したものが，次の図３－３である。

図3－3　分析結果

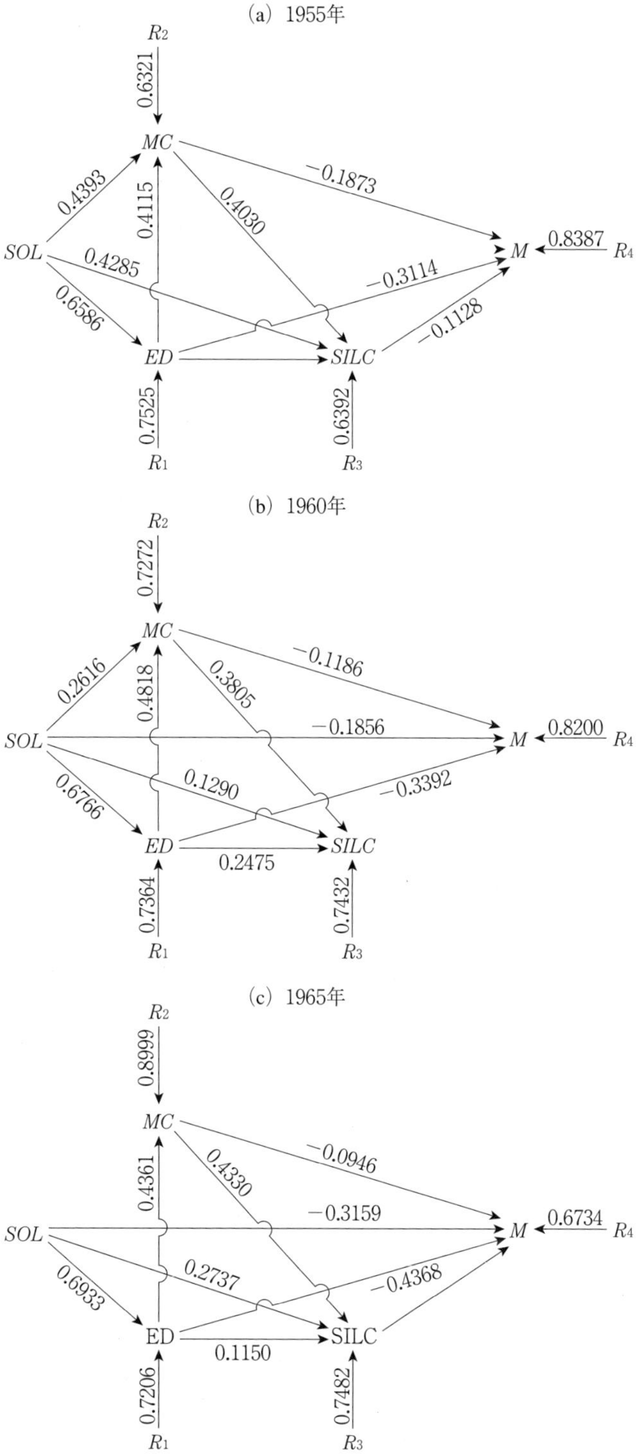

(a) 1955年
R2
0.6321
MC
0.4393
0.4115
−0.1873
0.4030
SOL
0.4285
M
0.8387
R4
−0.3114
0.6586
−0.1128
ED
SILC
0.7525
0.6392
R1
R3
(b) 1960年
R2
0.7272
MC
0.2616
0.4818
−0.1186
0.3805
SOL
−0.1856
M
0.8200
R4
0.6766
0.1290
−0.3392
ED
SILC
0.2475
0.7364
0.7432
R1
R3
(c) 1965年
R2
0.8999
MC
0.4361
−0.0946
0.4330
−0.3159
SOL
M
0.6734
R4
0.6933
0.2737
−0.4368
ED
SILC
0.1150
0.7206
0.7482
R1
R3

(d) 1970年

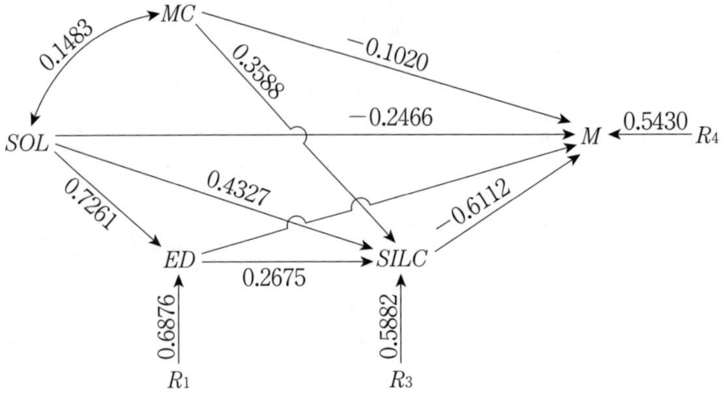

(e) 1975年

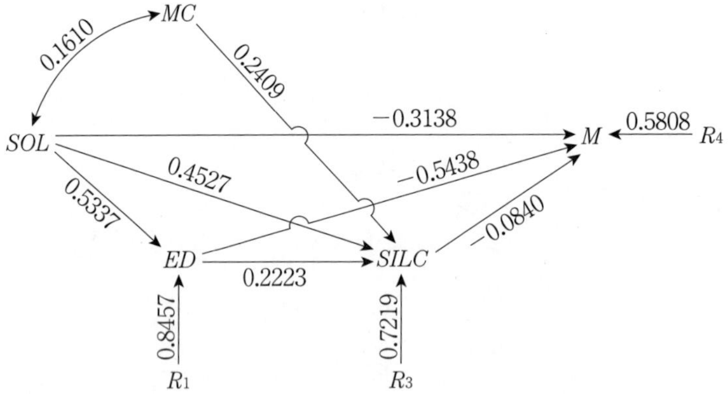

(f) 1980年

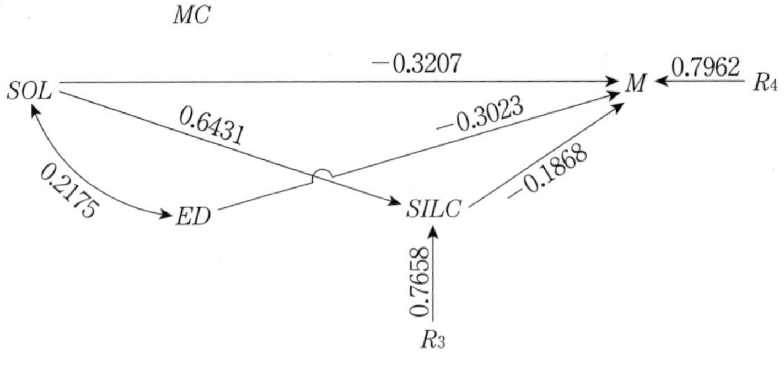

出所：大塚，1985a。

この図からするならば，*MC* から *M* への直接的影響は1955年が－0.1873と最も強いが，高度成長期（発展段階）の1960～1970年には－0.1186，－0.0946と影響力を低下させてゆき，1970年の－0.1020を最後に直接的影響を示す矢印は消えてしまう。これとは逆に，1955年にはなかった *SOL* から *M* への直接的影響は，－0.1856（1960年），－0.3159（1965年），－0.2466（1970年）と経済成長の推移と歩調を合わせて進展するが，1975年以降の安定成長期（成熟段階）には－0.31～－0.32の水準で安定してしまう。こうした推移は，先にプレストンが述べた１人当たり所得と平均寿命の延長（死亡率低下）との関係を示すものであろう。また，この時期に入ると，生活環境・インフラストラクチャー *SILC* の向上が *M* の低下に及ぼす影響が表れ強まってくる。

このようなパス係数の変遷や因果経路図の歪みの形状などから総合的に判断するのなら，死亡率の低下に影響を及ぼす要因は，先の議論で想定したように，社会経済の発展にともなって医療要因（医療重視説）→ 医療要因と経済要因（中間説）→ 経済要因（経済重視説）の順に変化してきた，と結論づけてよいであろう。これと同じことは，日本が近代経済成長を開始した明治・大正期についてもいえる（大塚，1984）。

（4）平均寿命の男女格差

経済的要因は，これら（上記）とは別の経路を通じても，死亡に影響を及ぼしている。これまでに発表されてきた生命表をみると，男女の出生時平均余命（平均寿命）はともに延長している（死亡率は低下している）と同時に，平均寿命は男性よりも女性の方が高く，しかもこの平均寿命の男女格差には拡大する傾向がみられる。ということは，この傾向を遡ってゆけば，ある時点で男性と女性の平均寿命は同じになり，さらに遡れば男性の平均寿命が女性よりも高い，という今日とは逆の状況が出現することになる。このことをさらにいい換えるのなら，女性の平均寿命が男性の平均寿命に追いつき，そして追いこしてきた結果が今日の状況である，ということになる。

平均寿命の男女格差にみられるこうした現象の要因に関しては，サフィリオス＝ロスチャイルド（Safilios-Rothschaild, 1985）の研究が有益な示唆を与えてくれる。

人間が生きてゆくにはさまざまな資源（たとえば，食糧，医療，教育など）が必要であるが，これを女性がどれだけ入手できるかは，資源の稀少性を規定する発展段階と人口増加，資源配分を規定する階級と性差別である，という２つの前提条件に左右される。すなわち，発展段階が低く，人口増加率が高い社会では，階級間の格差が大きく，女性に不利な資源配分が行われている。逆に，発展段階が高く，人口増加率の低い社会では，資源配分における階級や性差別は，それ以前に比べて極めて小さくなる，というのである。

こう考えるなら，平均寿命の男女格差につい次のような説明ができる（図３－４を参照)。すなわち，人間の生物としての側面からみれば，女性が男性より長寿であるのは人間本来の姿である。しかし，経済的要因が，その発現を左右する。すなわち，発展段階が

図3-4　平均寿命の男女格差の概念図

```
                    ┌─────────┐
                    │ 経済的要因 │
                    └────┬────┘
                         ↓
  ┌──────────────┐              ┌─────────────────────────────┐
  │  生物学的要因  │              │       寿命の発現形態         │
  ├──────┬───────┤    ──→  ○ →  ├────┬────────────────────────┤
  │ 寿命 │ 男＜女 │              │    │ 男＜女（高発展段階）    │
  └──────┴───────┘              │ 寿命│ 男＝女（過渡期の一時点）│
                                │    │ 男＞女（低発展段階）    │
                                └────┴────────────────────────┘
```

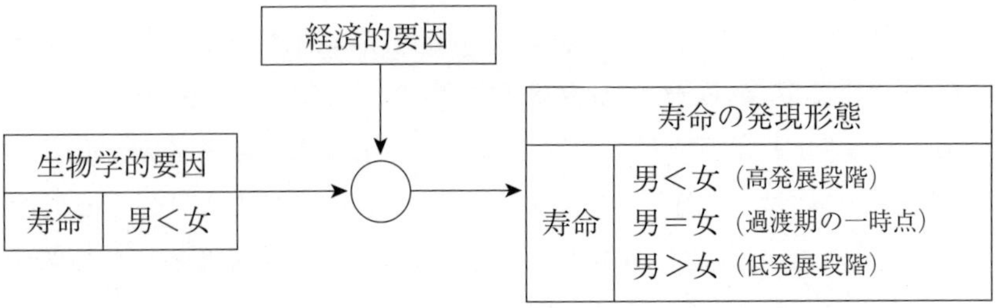

出所：大塚，1994。

低い場合，女性に不利な資源配分がこの生物学的要因の発現を妨げるために，女性の平均寿命が男性より短くなる。逆に，発展段階の高い社会では，女性に不利な資源配分が小さくなるために，女性の平均寿命が男性より長くなる，ということである。

　このように考えるなら，男女の平均寿命は下記の図3-5が示すように，社会経済の発展にともなって，当初は短かった女性の平均寿命が男性に追いつき，そして追いこしてゆく，という形で推移することになる。こうした現象は，南アジアのスリランカなどをはじめとする国々において，実際に生じている。また，日本においても，そうした現象が起こってきたことを，実証的に提示することができる（大塚，1994）。

図3-5　平均寿命の推移

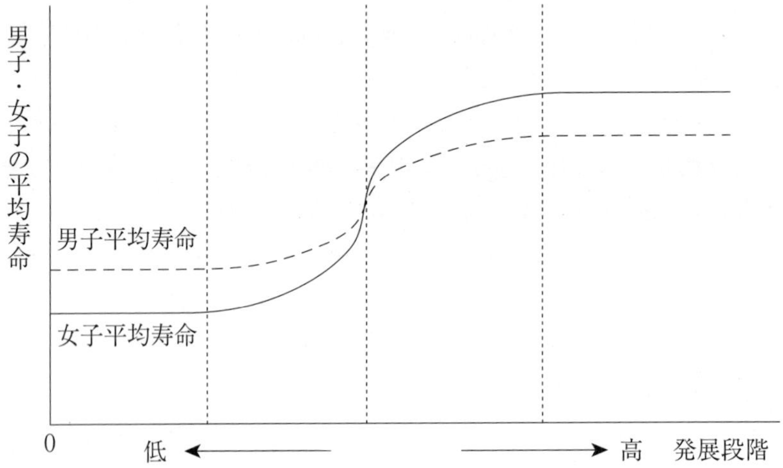

出所：大塚，1994。

3．死亡指標

これまで述べてきたような死亡率の変化を考察する場合，普通死亡率（Crude Death Rate），標準化死亡率（Standardized Death Rate），年齢別死亡率（Age Specific Death Rate），出生時平均余命（Expectancy of Life at Birth）などのさまざまな指標が用いられる。そこで，次に，死亡研究に用いられるこれらの指標を概観する。

（1）普通死亡率（Crude Death Rate）

前章の人口転換理論の説明に用いた指標の1つが，まず，最初に取り上げる普通死亡率である。この普通死亡率とは，分析対象となる年tの総死亡数TD_tを総人口TP_tによって除し，これに1,000を掛けることによって求められる，人口1,000人当たりの死亡数を示す指標である（単位はパーミル（‰））である。

$$CDR_t = \frac{TD_t}{TP_t} \cdot 1{,}000 \qquad (3-1)$$

この普通死亡率は，上記の簡単な計算式によって求められるため，よく用いられる。しかしながら，この指標には次にみるような弱点がある。前章でみた人口転換の図（図2－4）が示しているように，日本の近年の普通死亡率の推移は，1982年に6.0‰に達した後，反転上昇して2007年には8.8‰に達している。しかし，わが国の平均寿命は一貫して上昇傾向にある（日本人の死亡率は一貫して低下していることになる）。

この齟齬が生ずるのは，普通死亡率が総死亡数と総人口から算定されているために（上記の3－1式を参照），年齢構造の変化を指標のなかに反映できないことによる。

（2）標準化死亡率（Standardized Death Rate）

上記の問題点を取り除くための手法が，標準化死亡率である。この手法には，直接法と間接法の2つがあるが，ここでは，このうちの直接法を紹介することにする。

直接法とは，まず年齢別人口${}_nP_x$と年齢別死亡数${}_nD_x$から年齢別死亡率${}_nm_x$を求め（右方の添え字xは年齢を，左方の添え字nは使用するデータの年齢幅を示す。これが，1の場合は各歳別のデータを用い5の場合は5歳階級別データを用いていることになる），

$${}_nm_x = \frac{{}_nD_x}{{}_nP_x} \qquad (3-2)$$

これを任意の年齢別標準人口${}_nPs_x$に乗じで求めた死亡数の総計（すなわち，年齢構造が標準人口と同じであると仮定した場合の理論上の総死亡数）を，標準人口の総数で除して死亡

率を求める手法である。

$$ {}_{n}m_{x}=\frac{\sum_{x=0}^{\omega}{}_{n}Ps_{x}\cdot{}_{n}m_{x}}{\sum_{x=0}^{\omega}{}_{n}Ps_{x}}\cdot 1{,}000 \qquad (3-3) $$

ここで，両死亡率の違いを，具体的にみておこう。

今，A国とB国の２つの国があり，両国の人口はともに10,000人であり，A国の死亡総数は190人，B国のそれは245人である，とする（表３－２－a）。このとき，３－１式に基づいて普通死亡率を求めると，A国の普通死亡率は19‰，B国のそれは24.5‰になり，B国の普通死亡率はA国の普通死亡率よりも高いことになる。

しかし，A国とB国の年齢構造を比較すると，この表が示すように，A国は年少人口（０～14歳人口）が多く，B国は老年人口（65歳以上人口）が多い。このとき，A国とB国の年齢別死亡率を求めると，それぞれ表３－２－a内に示された値が得られる。この死亡率を表３－２－bに示された任意の標準人口に乗じ，その総和を求めると，A国とB国の人口の年齢構成が標準人口と同じであった場合の死亡総数を求めることができる。これを標準人口の総数で除すると，標準化死亡率が求められるが，その結果は普通死亡率の場合とは異なり，A国もB国もともに21.5‰となるのである。

表３－２－a　普通死亡率と標準化死亡率

	A　国			B　国		
年　齢	人　口	死亡数	年齢別死亡率	人　口	死亡数	年齢別死亡率
65歳以上	1,000	40	0.04	4,000	160	0.04
15～64歳	3,000	30	0.01	3,500	35	0.01
０～14歳	6,000	120	0.02	2,500	50	0.02
総　　数	10,000	190		10,000	245	
普通死亡率	19.0		―――	24.5		―――

表３－２－b　普通死亡率と標準化死亡率

年　齢	標準人口	A国の死亡数	B国の死亡数
65歳以上	2,500	100.0	100.0
15～64歳	3,500	35.0	35.0
０～14歳	4,000	80.0	80.0
総　　数	10,000	215.0	215.0
標準化死亡率		21.5	21.5

以上で述べてきた普通死亡率，年齢別死亡率，標準化死亡率は，人間の死亡状況を分析するためによく用いられる統計手法である。このうち普通死亡率は簡単に求められることからよく用いられるが，上記のように年齢構造の変化を考慮できない弱点がある。年齢別死亡率は，各年齢層の死亡率を知るうえでは有効であるが，先の事例とは異なって，年齢幅が小さくなるほど（たとえば，0歳，1歳，…，100歳などの各歳別），人口全体の死亡水準を把握することが困難になる。標準化死亡率は，普通死亡率よりは正確であるが，標準人口を新たな年齢構成を有する別の人口に変えた場合には，分析対象期間全般にわたって標準化死亡率を計算しなければ時系列変化を把握できない，といった弱点がある。

（3）生命表の概要

死亡分析に用いるそれぞれの統計手法には，以上で述べてきたような一長一短がある。ここで概説する生命表は，作成に若干手間はかかるが，これらの問題に煩わされることなく，より詳細かつ正確な情報を得ることのできる分析手法である。

まず，生命表の意味を，概観しよう。通常用いられる生命表は，①現行の死亡秩序（年齢別死亡率）が長期間変わらない，②100,000人の出生が同時に起こる（同時出生集団，コーホート（Cohort）），という2つの仮定のもとに構築されている。

まず，第1の過定であるが，通常，生命表は3－2式（${}_nm_x = {}_nD_x / {}_nP_x$）から計算される年齢別死亡率に基づいて作成される。いま，t年に生まれた人口${}_5P_{0,t}$は，年齢の階梯を登る過程で発生する死亡により毎年減少し（たとえば，この人口はt＋5年には5～9歳になるが，この5年間に生じた死亡${}_5D_0$（$= {}_5P_0 \times {}_5m_0$）により，その数${}_5P_{5,t+5}$は減少（$= {}_5P_0 - {}_5D_0$）している）。およそ90歳以降のある時点で0になる（表3－3の斜線方向への計算）。このように

表3－3　生命表の基本的考え方

	人　口	人　口	人　口		人　口	人　口	人　口
年　齢	t年	$t+5$	$t+10$	…　…　…	$t+80$	$t+85$	$t+90$
0～4	P_0						
5～9	$P_0 - P_0 \cdot m_0$	$P_0 - P_0 \cdot m_0$					
10～14	$P_5 - P_5 \cdot m_5$		$P_5 - P_5 \cdot m_5$				
…～…	…			…			
…～…	…			…			
…～…	…			…			
80～84	$P_{75} - P_{75} \cdot m_{75}$				$P_{75} - P_{75} \cdot m_{75}$		
85～89	$P_{80} - P_{80} \cdot m_{80}$					$P_{80} - P_{80} \cdot m_{80}$	
90＋	0（$= P_{85} - P_{85} \cdot m_{85}$）						0（$= P_{85} - P_{85} \cdot m_{85}$）

して作成する生命表を，世代生命表あるいはコーホート生命表という。しかし，この考え方に従うなら，t 年に生まれた人口の最後の１人が死亡するまで（この人口の最後の１人が生きている間）は，計算に必要な統計データが得られず，生命表は作成できないことになる。すなわち，t 年に生まれた人口の平均余命がわかるのは，およそ１世紀後になってしまう。

これでは，現在の死亡状況を把握できない。この問題点は，現行の死亡秩序（年齢別死亡率）が長期間にわたって変化しない，と仮定することで回避される。なぜなら，死亡秩序が変化しない状況の下では，表３－３の垂直方向に計算をしても，斜線方向の計算と同じ結論が得られるからである。こうして作成する生命表を期間生命表という。

次に，生命表の構成を，下記の図３－６を用いて概観しよう。

図３－６　生命表の基本原理

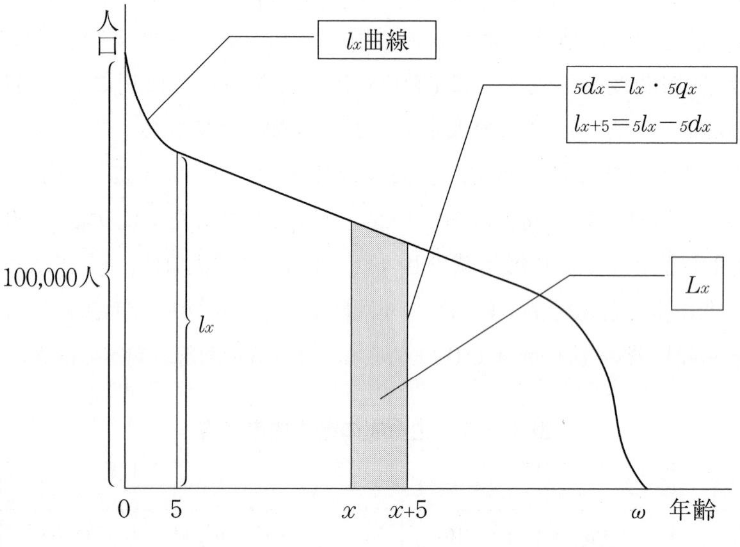

まず，生命表作成の基礎となる年齢別死亡率 $_5m_x$ は，x 歳の死亡数 $_5D_x$ を x 歳の人口 $_5P_x$ で除すことによって得られるが，これは $_5P_x$ に占める $_5D_x$ の割合を示したものであり，x 歳の人口が $x+5$ 歳に達するまでに死亡する確率のことではない。そこで年齢別死亡率 $_5m_x$ を基に，年齢別死亡確率 $_5q_x$ を算出する（47ページの LT－１式，LT－２式を参照）。

同時に生まれた100,000人の人口（すなわち同時出生集団）がこの $_5q_x$ にしたがって死亡すると，その生存数 l_x は，図３－６の l_x 曲線が示すように，この確率によって減少する。しかし，生存数 l_x はちょうど x 歳に達した人口数を示しており，現実の人口のように x 歳から $x+5$ 歳に達する直前までの年齢幅のある人口を意味しているわけではない。

この年齢幅のある人口 L_x は，図３－６においては，x 歳と $x+5$ 歳の l_x にはさまれた面積に相当し，理論的には l_x 曲線を積分することによって求められる。しかしながら，この

年齢層の l_x が直線的に減少すると仮定するなら，この部分の形は台形になることから，その面積は台形面積を求める計算式（(上底＋下底）×高さ（5（年））÷2）によって求めることができる（LT－6式)。ただし，0～4歳までの年齢層は，この図にみられるように，年齢別死亡率の変化により l_x 曲線が微妙なカーブを描くため，各歳別に求める。そこで，LT－5式ないしは（上底＋下底）×高さ（1（年））÷2という近似計算を行う。こうして求めた年齢幅のある人口が，生命表静止人口 ${}_nL_x$ である。

この生命表静止人口 ${}_nL_x$ は，毎年10万人ずつ生まれてくる一方，現行の死亡秩序（年齢別死亡率）も長期にわたって変化しない，という仮定の下で計算された生命表内の人口のことである。それゆえ，その年齢構成はやがて一定になる。

そてして，この ${}_nL_x$ の総和を求めたものが生存延年数 Tx であり，これを l_x で除したものが平均余命である。

4．Excel による生命表の作成

以上の議論を踏まえたうえで，Excel を用いて生命表の作成を作成する。ただし，ここで作成する生命表は，本書の冒頭でも述べたように，簡易人口経済計量モデルの一翼を成す簡易人口モデル（第2章参照）への活用を想定していることから，5歳階級別の人口データを用いて作成する簡素な生命表，すなわち簡略生命表である。

また，今回作成する生命表には，留意すべき点がある。それは，データの処理等を簡素化したことである。精緻化の進展した生命表の研究にあっては，日本人人口（10月1日時点）データの年央人口（7月1日時点）への補正，微妙な変化を示す乳幼児の統計データの処理方法など，さまざまな技法が開発されてきた。しかし，本書の目的は，人口と経済との相互関係を考察することにある。そこで，これらの議論は巻末の参考分文献（水島（1963)，山口ほか（1995)）に譲り，論点を両者の相互関係の考察に必要な生命表の作成方法の基礎と生命表の活用事例に絞った。

とはいえ，この簡素な生命表の信頼性がかなり高いことは，以下の作成する出生時平均余命の値からもわかるであろう。また，前章（第2章）で用いた1955年生命表静止人口は，本章で作成したものを用いた。

（1）データ入力

簡略生命表を作成するために，次の準備作業を行う。

① 生命表の作成に必要な統計資料は，次ページの表が示しているように，男女年齢別日本人人口と男女年齢別死亡数の2つである。これらの統計データを，Excel の任意の Sheet（たとえば，Sheet 1）に入力する（次ページ上部の表)。

	A	B	C	D	E
1		1955年日本人人口		1955年死亡数	
2	年齢	男	女	男	女
3	0歳	867575	825759	37628	31173
4	1歳	866629	827653	5187	4655
5	2歳	919339	881904	4263	3788
6	3歳	980210	940706	3635	3283
7	4歳	1048591	1004094	2986	2801
8	5～9歳	5586677	5360282	8172	6068
9	10～14歳	4776918	4654399	3610	2938
10	15～19歳	4312297	4255965	6399	4593
11	20～24歳	4175404	4186432	11335	8048
12	25～29歳	3753953	3810191	10740	8622
13	30～34歳	2768249	3299310	8202	8457
14	35～39歳	2295309	2780411	8017	8435
15	40～44歳	2303408	2607156	10847	9895
16	45～49歳	2117792	2221613	15238	11717
17	50～54歳	1916054	1913396	21269	14773
18	55～59歳	1598180	1593081	27138	17855
19	60～64歳	1222112	1267245	33421	22238
20	65～69歳	916730	1046167	39908	30044
21	70～74歳	593023	797861	41481	38691
22	75～79歳	341712	533001	35900	41438
23	80～84歳	133066	244294	20222	29308
24	85～89歳	33804	77384	7572	14683
25	90～94歳	5367	15243	1828	4062
26	95～	460	1684	228	706

出所：国勢調査（1955年），人口動態統計（1955年）。

ここで留意すべき点は，5歳階級別の簡略生命表を作成する場合でも，0～4歳までのデータは各歳別になっている。この理由は，若年層の年齢別死亡率は複雑な変化を示すため，簡略生命表もこの年齢層に関しては慎重な扱いをしているからである。これ以降では，女子のデータを中心にして生命表に関する議論を進めてゆく。

② 次に，入力したデータを用いて，下記の表のように，女子の年齢別人口と年齢別死亡数に関するデータを Sheet 2 にコピーする（太字で表示した網かけ部分）。

	A	B	C	D	E	F	G	H	I	J
1	年齢	女子人口	女子死亡数	mx	qx	lx	dx	Lx	Tx	ex
2	0歳	**825759**	**31173**	0.03775	0.03705	100000	3705	98147	6785573	67.86
3	1歳	**827653**	**4655**	0.00562	0.00561	96295	540	96025	6687425	69.45
4	2歳	**881904**	**3788**	0.00430	0.00429	95755	410	95550	6591401	68.84
5	3歳	**940706**	**3283**	0.00349	0.00348	95344	332	95178	6495851	68.13
6	4歳	**1004094**	**2801**	0.00279	0.00279	95012	265	94880	6400673	67.37
7	5～9歳	**5360282**	**6068**	0.00113	0.00564	94748	535	472401	6305793	66.55
8	10～14歳	**4654399**	**2938**	0.00063	0.00315	94213	297	470322	5833392	61.92
9	15～19歳	**4255965**	**4593**	0.00108	0.00538	93916	505	468316	5363070	57.11
10	20～24歳	**4186432**	**8048**	0.00192	0.00957	93410	894	464818	4894754	52.40
11	25～29歳	**3810191**	**8622**	0.00226	0.01125	92517	1041	459982	4429936	47.88
12	30～34歳	**3299310**	**8457**	0.00256	0.01273	91476	1165	454468	3969954	43.40
13	35～39歳	**2780411**	**8435**	0.00303	0.01505	90311	1360	448157	3515486	38.93
14	40～44歳	**2607156**	**9895**	0.00380	0.01880	88952	1672	440577	3067329	34.48
15	45～49歳	**2221613**	**11717**	0.00527	0.02603	87279	2272	430718	2626752	30.10
16	50～54歳	**1913396**	**14773**	0.00772	0.03787	85008	3220	416990	2196034	25.83
17	55～59歳	**1593081**	**17855**	0.01121	0.05451	81788	4458	397795	1779044	21.75
18	60～64歳	**1267245**	**22238**	0.01755	0.08405	77330	6500	370399	1381249	17.86
19	65～69歳	**1046167**	**30044**	0.02872	0.13397	70830	9489	330427	1010850	14.27
20	70～74歳	**797861**	**38691**	0.04849	0.21625	61341	13265	273541	680423	11.09
21	75～79歳	**533001**	**41438**	0.07774	0.32547	48076	15647	201261	406882	8.46
22	80～84歳	**244294**	**29308**	0.11997	0.46145	32429	14964	124733	205621	6.34
23	85～89歳	**77384**	**14683**	0.18974	0.64347	17464	11238	59228	80888	4.63
24	90～94歳	**15243**	**4062**	0.26648	0.79967	6227	4979	18685	21660	3.48
25	95～	**1684**	**706**	0.41924	1.00000	1247	1247	2975	2975	2.39

（2）年齢別死亡率 $_nm_x$

年齢別人口と年齢別死亡数のデータを用いて，下記の式から年齢別死亡率 $_nm_x$ を求める。その具体的な作業手順は下記の通りである。

$$ _nm_x = \frac{_nD_x}{_nP_x} $$

① まず，セルD2に上記の計算式「=C2/B2」を入力する。すると，セルD2のなかに「0.03775」という数値が現れてくる。

② セルD2を再度クリックし，同セルの右下角にポインタを合わせると，ポインタの色が白（✙）から黒（✚）に変わる。このとき，セルD25までドラッグする。すると各セルのなかに，死亡率の計算結果が表れてくる。

（3）死亡確率 $_nq_x$

男女年齢別死亡率をもとに，年齢別死亡確率 $_nq_x$ を計算する。この場合の作業は，年齢階級によって３つに分かれる。

（ⅰ）０～４歳：０歳から４歳（セルE2～セルE6）までは，下記の式を用いて，死亡確率を各歳別に求める。

$$ _1q_x = \frac{_1m_x}{1+\frac{1}{2}\,_1m_x} \qquad \text{(LT − 1)} $$

なお，セルE2に入れる計算式は「=D2/(1+0.5＊D2)」であり，これを入力した後のExcelの操作は上記の年齢別死亡率の②の要領で行う。

（ⅱ）５～９歳から90～94歳の各年齢層：これらの各年齢層（セルE7～E24）に関しては，下記の式を用いて５歳階級別の死亡確率を求める。なお，この式中の記号 n（年齢階級幅）には，５歳階級別の５を入れる。

$$ _5q_x = \frac{2\cdot n\cdot\,_5m_x}{2+n\cdot\,_5m_x} \qquad \text{(LT − 2)} $$

したがって，セルE7に入れる計算式は「=(2＊5＊D7)/(2+5＊D7)」であり，これを入力した後のExcelの操作は上記の年齢別死亡率の②の要領で行う。

（ⅲ）最高年齢層：最高年齢層（本生命表では，95歳以上）の死亡確率は１とする。

$$ _nq_{95} = 1 \qquad \text{(LT − 3)} $$

したがって，セルE25には，数値「１」を入力する。

（4）生存数 l_x と死亡数 d_x

生存数 の算定は，次の要領で繰り返し行う。

$$\left.\begin{aligned} & l_x \cdot {}_nq_x = {}_nd_x \\ & l_x - {}_nd_x = {}_nl_{x+n} \\ & l_{x+n} \cdot {}_nq_{x+n} = {}_nd_{x+n} \end{aligned}\right\} \qquad \text{(LT − 4)}$$

ただし，l_x の初期値の値 l_0 は100,000とする（l_0＝100,000）。その具体的作業手順は，およそ次の通りである。

① まず，セルF2に数値「100000」を入力したあと，セルG2には死亡数を求める計算式「=F2＊E2」を入力する。

② セルF3に１歳の生存数を求める計算式「=F2－G2」を入力する。次に，セルG3に１歳の死亡数を求める計算式「=F3＊E3」」を入力する。

③ セルF3～セルG3をドラッグし，セルG3の右下角にポインタを合わせると，ポインタの色が白（✚）から黒（✚）に変わる。このとき，セルG25までドラッグする。すると各セルのなかに，生存数 l_x と死亡数 d_x の計算結果が現れる。

（5）生命表静止人口 ${}_nL_x$

生命表静止人口の計算方法も，年齢層によって３つに分かれる。

（ｉ）０～４歳：０歳から４歳までの各歳別の部分に関しては，下記の式にしたがって算定する。

$${}_1L_x = \frac{{}_1d_x}{{}_1m_x} \qquad \text{(LT − 5)}$$

ちなみに，セルH2に入力する計算式は「=G2/D2」である。これ以降，４歳までの式の計算は，先に示したドラッグ機能を使う。

（ii）５～９歳から90～94歳の各年齢層：５～９歳から90～94歳の５歳階級別の部分は，下記の式によって求める。

$${}_5L_x = \frac{5}{2}\left(l_x + l_{x+n}\right) \qquad \text{(LT − 6)}$$

ちなみに，セルH7に入力する計算式は「=2.5＊（F7+F8)」である。これ以降90～94歳（セルH24）までの年齢層の計算は，先のドラッグ機能を使う。

（iii）最高年齢層（95歳以上）：最終年齢層に関しては，上記の（ｉ）と同じ計算式によって生存年齢（静止人口）${}_nL_x$ を計算する。

（6）生存延年数 T_x

生存延年数は，下記の計算式から求める。

$$T_x = {}_nL_x + \sum {}_nL_{x+n} \qquad \text{(LT − 7)}$$

より具体的に説明するなら，セル I 2に「=SUM(H2：H25)」を入力し，セル I 25にいたるまでの計算には，先のドラッグ機能を使う。

（7）平均余命 $\mathring{e}_x$

平均余命は，下記の式から求める。

$$\mathring{e}_x = \frac{T_x}{l_x} \qquad \text{(LT − 8)}$$

具体的計算方法は，セル J2に「=I2/F2」を入力し，セル J25にいたるまでの計算には，先のドラッグ機能を使う。

以上が，生命表の作成手順である。この女子の例（46ページ）にならって，下記の男子の年齢別人口と年齢別死亡率に関するデータ（下表の太字，網かけ部分）を Sheet 3 にコピーし，これを用いて生命表の作成を試されたい。すると，下記の結果が得られる。

	A	B	C	D	E	F	G	H	I	J
1	年齢	男子人口	男子死亡数	mx	qx	lx	dx	Lx	Tx	ex
2	0歳	**867575**	**37628**	0.04337	0.04245	100000	4245	97877	6366254	63.66
3	1歳	**866629**	**5187**	0.00599	0.00597	95755	571	95469	6268376	65.46
4	2歳	**919339**	**4263**	0.00464	0.00463	95184	440	94963	6172907	64.85
5	3歳	**980210**	**3635**	0.00371	0.00370	94743	351	94568	6077944	64.15
6	4歳	**1048591**	**2986**	0.00285	0.00284	94392	268	94258	5983376	63.39
7	5～9歳	**5586677**	**8172**	0.00146	0.00729	94124	686	468905	5889117	62.57
8	10～14歳	**4776918**	**3610**	0.00076	0.00377	93438	352	466310	5420212	58.01
9	15～19歳	**4312297**	**6399**	0.00148	0.00739	93086	688	463709	4953902	53.22
10	20～24歳	**4175404**	**11335**	0.00271	0.01348	92398	1246	458874	4490194	48.60
11	25～29歳	**3753953**	**10740**	0.00286	0.01420	91152	1295	452523	4031320	44.23
12	30～34歳	**2768249**	**8202**	0.00296	0.01471	89857	1321	445983	3578797	39.83
13	35～39歳	**2295309**	**8017**	0.00349	0.01731	88536	1533	438847	3132814	35.38
14	40～44歳	**2303408**	**10847**	0.00471	0.02327	87003	2025	429954	2693966	30.96
15	45～49歳	**2117792**	**15238**	0.00720	0.03534	84978	3003	417384	2264012	26.64
16	50～54歳	**1916054**	**21269**	0.01110	0.05400	81975	4427	398809	1846628	22.53
17	55～59歳	**1598180**	**27138**	0.01698	0.08145	77548	6316	371952	1447820	18.67
18	60～64歳	**1222112**	**33421**	0.02735	0.12798	71232	9117	333370	1075868	15.10
19	65～69歳	**916730**	**39908**	0.04353	0.19630	62116	12193	280095	742498	11.95
20	70～74歳	**593023**	**41481**	0.06995	0.29769	49922	14861	212459	462403	9.26
21	75～79歳	**341712**	**35900**	0.10506	0.41603	35061	14586	138840	249944	7.13
22	80～84歳	**133066**	**20222**	0.15197	0.55065	20475	11274	74188	111105	5.43
23	85～89歳	**33804**	**7572**	0.22400	0.71794	9200	6605	29489	36917	4.01
24	90～94歳	**5367**	**1828**	0.34060	0.91979	2595	2387	7008	7428	2.86
25	95～	**460**	**228**	0.49565	1.00000	208	208	420	420	2.02

なお，VBA（Visual Basic for Applications）による生命表作成のコンピュータ・プログラムを，本章末に参考までに掲載しておく（54～56ページ）。このプログラムでは，1955年の女性のデータを用いて生命表を作成し，その結果を Sheet 4 に表示する。

（8）小　括

今回作成した簡素な簡略生命表は，精緻化が進んでいる生命表の研究者からすれば，批判の対象となるであろう。しかし，この簡略生命表から得られた結果である女子の出生時平均余命は67.86年，男子の出生時平均余命は63.66年である。これに対して，政府が作成し公表している生命表によれば，女子の出生時平均余命は67.75年，男子の出生時平均余命は63.60であり，大きな誤差もない同じような結果となっている。

また，本書の第２章（人口モデル）で用いた生命表静止人口は，こうして作成した上記の生命表のそれを用いている。本書における人口モデルが十分な追跡能力を有していることからするなら（第２章を参照），本簡略生命表の信頼性は高い，といえよう。

5．平均寿命と社会経済発展：寿命関数の作成

さて，本章における死亡率の変動に関する経済学的説明からするなら，死亡率は経済の発展にともなって低下してゆく，ということができる。いい換えるなら，平均寿命（出生時平均余命）は経済の発展にともなって高まってゆく，ということである。ここで経済発展の指標として１人当たり国内総生産を用いるなら，両者の関係は次式によって表わせる（ただし，下記の一連の式における記号の意味は，$\mathring{e}_0$：出生時平均余命，U：$\mathring{e}_0$の上限，Y：国内総生産，TP：総人口，f：女性，m：男性，t 年次，a：定数，b：係数，である）。

$$\mathring{e}_0 = f\left(\frac{Y}{TP}\right) \qquad (3-4)$$

とはいえ，人間は死すべき運命（mortal）にある者であることから，いつかは必ず死ぬのであって，寿命が一方的に高まり続けることはない。とするなら，平均寿命には上限がある，と考えることができる。このように考えるなら，上記の３－４式は，下記のロジスティック曲線として，より現実的な形に書き改めることができる（ただし，平均寿命の上限は決して一定のものではなく，人々が行ってきた疾病対策などの努力は，この寿命の上限を上方に押し上げることであった，といえる）。

$$\ln\left(\frac{U_f - \mathring{e}^f_{0,t}}{\mathring{e}^f_{0,t}}\right) = a + b\left(\frac{Y_t}{TP_t}\right) \qquad (3-5)$$

$$\ln\left(\frac{U_m - \mathring{e}^m_{0,t}}{\mathring{e}^m_{0,t}}\right) = a + b\left(\frac{Y_t}{TP_t}\right) \qquad (3-6)$$

この式は，後の部分（第６章）でみるように，簡易人口経済計量モデルにおいて大きな意味をもつことになる。そこで，このロジスティック曲線を実際に求めてみよう。

（1）データ入力（Uf, Um）

下記の表に示された男女の出生時平均余命（Ef, Em），男女の平均余命の上限，国内総生産（Y），総人口（TP）に関するデータ（太字，網かけ部分）を，エクセルの任意のSheet（例えば，Sheet 5）に入力する。ただし，男女の平均余命の上限に関するデータは，国立社会保障人口問題研究所が将来推計に用いた平均寿命の目標値を借用した。

	A	B	C	D	E	F	G	H
1		単位:年	単位:年	単位:兆	余命上限(単位:年)	90.34	83.67	単位:1万
2	年	Ef	Em	Y	TP(単位:1000人)	女:ln((Uf-e)/e)	男:ln((Um-e)/e)	Y/TP
3	1955	67.75	63.60	47.1	89275	-1.10	-1.15	52.8
4	1956	67.54	63.59	50.5	90259	-1.09	-1.15	56.0
5	1957	67.60	63.24	54.5	91088	-1.09	-1.13	59.8
6	1958	69.61	64.98	58.0	92011	-1.21	-1.25	63.0
7	1959	69.88	65.21	63.4	92974	-1.23	-1.26	68.2
8	1960	70.19	65.32	71.7	93419	-1.25	-1.27	76.8
9	1961	70.79	66.03	80.2	94285	-1.29	-1.32	85.1
10	1962	71.16	66.23	87.1	95177	-1.31	-1.33	91.5
11	1963	72.34	67.21	94.6	96155	-1.39	-1.41	98.4
12	1964	72.87	67.67	105.4	97186	-1.43	-1.44	108.5
13	1965	72.92	67.74	111.3	98275	-1.43	-1.45	113.3
14	1966	73.61	68.35	122.7	99053	-1.48	-1.50	123.9
15	1967	74.15	68.91	136.3	100243	-1.52	-1.54	136.0
16	1968	74.30	69.05	152.5	101407	-1.53	-1.55	150.4
17	1969	74.67	69.18	170.8	102648	-1.56	-1.56	166.4
18	1970	74.66	69.31	188.3	103720	-1.56	-1.57	181.5
19	1971	75.58	70.17	196.6	105014	-1.63	-1.65	187.2
20	1972	75.94	70.50	213.1	107332	-1.66	-1.68	198.5
21	1973	76.02	70.70	230.2	108711	-1.67	-1.70	211.8
22	1974	76.31	71.16	227.5	110049	-1.69	-1.74	206.7
23	1975	76.89	71.73	234.4	111940	-1.74	-1.79	209.4
24	1976	77.35	72.15	243.9	113088	-1.78	-1.83	215.7
25	1977	77.95	72.69	254.4	114154	-1.84	-1.89	222.9
26	1978	78.33	72.97	267.9	115174	-1.88	-1.92	232.6
27	1979	78.89	73.46	282.6	116134	-1.93	-1.97	243.3
28	1980	78.76	73.35	290.5	117061	-1.92	-1.96	248.2
29	1981	79.13	73.79	299.8	117884	-1.95	-2.01	254.3
30	1982	79.66	74.22	309.0	118693	-2.01	-2.06	260.3
31	1983	79.78	74.20	316.1	119483	-2.02	-2.06	264.6
32	1984	80.18	74.54	328.5	120236	-2.07	-2.10	273.2
33	1985	80.48	74.78	342.9	121049	-2.10	-2.13	283.3
34	1986	80.93	75.23	353.0	121672	-2.15	-2.19	290.1
35	1987	81.39	75.61	367.6	122264	-2.21	-2.24	300.7
36	1988	81.30	75.54	390.4	122783	-2.20	-2.23	318.0
37	1989	81.77	75.91	409.1	123255	-2.26	-2.28	331.9
38	1990	81.90	75.92	429.9	123612	-2.27	-2.28	347.8
39	1991	82.11	76.11	446.4	124043	-2.30	-2.31	359.9
40	1992	82.22	76.09	450.9	124451	-2.32	-2.31	362.3
41	1993	82.51	76.25	452.3	124764	-2.35	-2.33	362.5
42	1994	82.98	76.57	455.3	125034	-2.42	-2.38	364.1
43	1995	82.85	76.38	461.9	125570	-2.40	-2.35	367.8
44	1996	83.59	77.01	485.3	125864	-2.52	-2.45	385.6
45	1997	83.82	77.19	493.0	126166	-2.55	-2.48	390.8
46	1998	84.01	77.16	480.6	126487	-2.59	-2.47	380.0
47	1999	83.99	77.10	481.6	126686	-2.58	-2.46	380.2
48	2000	84.60	77.72	486.0	126926	-2.69	-2.57	382.9

（2）データ処理

① セルF3に上記寿命関数の右辺の計算式「=LN((F1－B3)/B3)」を入力する。すると，セルF3のなかに数値「−1.10」が現れる。次いで，セルF3をクリックした後，先に述べた要領でドラッグ機能を用い，セルF48までの計算を行う。

② セルG3に上記寿命関数の右辺の計算式「=LN((G1－C3)/C3)」を入力する。すると，セルF3のなかに数値「−1.15」が現れる。次いで，セルG3をクリックした後，先に述べた要領でドラッグ機能を用い，セルG48までの計算を行う。

③ セルH3に1人当たりGDPの計算式「=D3/E3＊100000」を入力する。すると，セルF3のなかに数値「52.8」が現れる。次いで，セルH3をクリックした後，先に述べた要領でドラッグ機能を用い，セルH48までの計算を行う。ただし，この計算式中の100,000は，単位を1万円に変換するための数値である。

④ 分析ツールから回帰分析を呼び出し，【入力Y範囲】（被説明変数）にセルF3〜セルF48を指定し，【入力X範囲】（説明変数）にセルH3〜セルH48を指定する。次いで，【残差（R)】を指定（✓）したうえで，【OK】キーをクリックする。

ただし，回帰分析の呼び出し方はExcelのバージョンによって異なっているので，この点に関してはExcelの解説書を参照されたい。

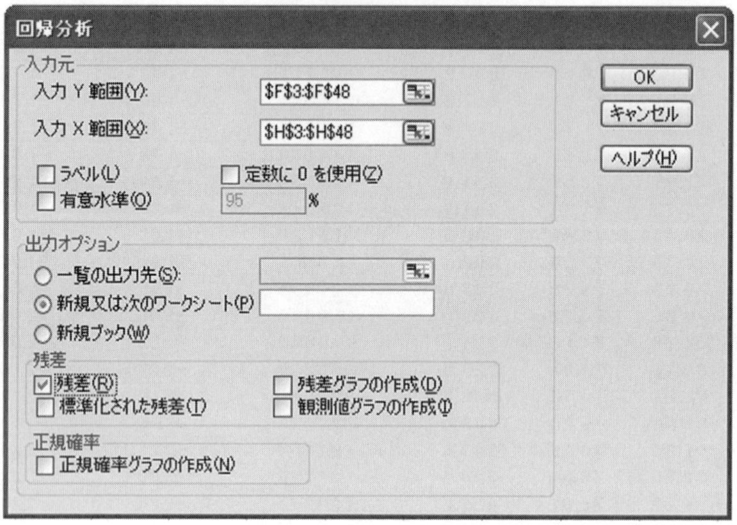

下記の表が示しているのは，これにより得られた分析結果の一部である。

回帰統計	
重相関 R	0.991238
重決定 R^2	0.982553
補正 R^2	0.982157
標準誤差	0.061765
観測数	46

	係　数	標準誤差	t
切　片	−0.90565	0.021074	−42.9757
X 値 1	−0.00416	8.35E-05	−49.7788

⑤　分析ツールから回帰分析を呼び出し，【入力 Y 範囲】（被説明変数）にセル G3～セル G48を指定し，【入力 X 範囲】（説明変数）にセル H3～セル H48を指定する。次いで，【残差（R)】を指定（✓）した上で，【OK】キーをクリックする。

下記の表が示しているのは，これにより得られた分析結果の一部である。

回帰統計	
重相関 R	0.992568
重決定 R^2	0.985191
補正 R^2	0.984854
標準誤差	0.053355
観測数	46

	係　数	標準誤差	t
切　片	−0.97493	0.018204	−53.5551
X 値 1	−0.0039	7.21E-05	−54.1027

次の２つの式が示しているのは，以上の結果を関数表示したものである。

【女子寿命関数】

$$\ln\left(\frac{90.34-\mathring{e}^{f}_{0,t}}{\mathring{e}^{f}_{0,t}}\right)=-0.9057-0.0042\left(\frac{Y_t}{TP}\right)$$

$$(-42.9757)(-49.7788)$$

$$R^2=0.9826 \qquad DW=0.4153$$

【男子寿命関数】

$$\ln\left(\frac{83.67-\mathring{e}^{m}_{0,t}}{\mathring{e}^{m}_{0,t}}\right)=-0.9749-0.0039\left(\frac{Y_t}{TP}\right)$$

$$(-53.5551)(-54.1027)$$

$$R^2=0.9852 \qquad DW=0.5099$$

Excelの回帰分析では，DW（ダービン・ワトソン比）の値は得られない。しかし，DW値は，回帰分析の結果に示される残差 e を下記の式に当てはめると，簡単に計算できる。この計算は，以下の諸章においても同様である。

$$DW=\frac{\sum_{i=2}^{n}\left(e_i-e_{i-1}\right)^2}{\sum_{i=1}^{n}e_i^2}$$

6．まとめ

本章の以上の部分では，まず①死亡と経済発展との関係を理論的側面から概観したうえで，②死亡を示す代表的統計指標（普通死亡率，標準化死亡率等，生命表など）を紹介し，次いで③生命表を実際に作成した後に，④平均寿命の延びと経済発展との関係を回帰分析によって分析することにより，寿命関数を作成した。ここから，死亡理論，統計指標，そして実証分析との間の関係について，ある種のイメージが形成できたであろう。

第6章においては，上記の2本の寿命関数を部品として用いることによって，簡易人口モデルと簡易計量経済モデルを結び付けて，簡易人口経済計量モデルを構築する。

なお，最後になったが，生命表作成のための VBA によるプログラムを示しておく。このプログラムの動かし方に関しては，第2章を参照されたい。

生命表の VBA プログラム

```
Sub Life_Table()

Dim p, dd, m, q, ld, d, l, t, e

a = 24
```

```
ReDim p(a), dd(a), m(a), q(a), ld(a), d(a), l(a), t(a), e(a)

For i = 1 To a
  p(i) = Sheets("sheet2").Cells(i + 1, 2).Value
  dd(i) = Sheets("Sheet2").Cells(i + 1, 3).Value
  Sheets("sheet1").Cells(i + 1, 2).Value = p(i)
  Sheets("sheet1").Cells(i + 1, 3).Value = dd(i)
Next i

For j = 1 To a
  m(j) = dd(j) / p(j)
Next j

For n = 1 To 5
   q(n) = m(n) / (1 + 0.5 * m(n))
Next n

For k = 6 To a - 1
   q(k) = (2 * 5 * m(k)) / (2 + 5 * m(k))
Next k

   q(a) = 1

   ld(1) = 100000

For i = 2 To a
   d(i - 1) = ld(i - 1) * q(i - 1)
   ld(i) = ld(i - 1) - d(i - 1)
Next i
   d(a) = ld(a) * q(a)

For k = 1 To 5
   l(k) = d(k) / m(k)
Next k
```

```
For n = 7 To a
   l(n - 1) = 2.5 * (ld(n - 1) + ld(n))
Next n

   l(a) = d(a) / m(a)

   tt = 0
For i = a To 1 Step -1
   tt = tt + l(i)
   t(i) = tt
Next i

For k = 1 To a
   e(k) = t(k) / ld(k)
Next k

For k = 1 To a
  Sheets("sheet4").Cells(k + 1, 2).Value = p(k)
    Sheets("sheet4").Cells(k + 1, 3).Value = dd(k)
      Sheets("sheet4").Cells(k + 1, 4).Value = m(k)
        Sheets("sheet4").Cells(k + 1, 5).Value = q(k)
          Sheets("sheet4").Cells(k + 1, 6).Value = ld(k)
          Sheets("sheet4").Cells(k + 1, 7).Value = d(k)
        Sheets("sheet4").Cells(k + 1, 8).Value = l(k)
      Sheets("sheet4").Cells(k + 1, 9).Value = t(k)
    Sheets("sheet4").Cells(k + 1, 10).Value = e(k)
  Next k

End Sub
```

第4章
出　生

1．はじめに

前章でみた死亡とは異なって，出生の経済的分析に関してはこれまでも盛んに研究が行われてきた。その理由の１つとしては，前章で触れた死亡とは異なって，出生には人間の意志が深くかかわっていることがあげられる。すなわち，子供をもつ否かを夫婦が決定することは，出産・育児などの多岐にわたるさまざまな経済的負担を背負うか否かを夫婦が決断することである。それゆえに，あるいはそれだからこそ，その時々の経済的状況は，夫婦のそうした決断に大きな影響を及ぼしてきた，といえる。

こう考えるなら，一国の人口状況（人口の規模や男女性年齢別構成など）の動向を大きく規定する出生（すなわち，子供をもつことへの夫婦の決断）と，これに大きな影響を及ぼす経済的諸要因との関係に関心が集まるのも当然であろう。その結果，出生の経済的決定要因に関する研究が盛んになり，さまざまな理論や仮説が蓄積されてきたのである。

本章においては，その一端に触れることを通して，出生が有する意味を概観する。

2．イースタリン仮説

まず，最初は，今日，出生力の推移を説明する際に広く用いられているイースタリン仮説である。この仮説は，低発展段階から成熟段階までの広範囲を扱っており，第２章でみた人口転換理論における出生率の推移に関する議論をより精緻化したものといえる。

（１）イースタリン仮説の概要

イースタリン仮説の概要は，次の通りである（Easterlin, 1978)。いま，縦軸に子供数を計り，横軸に発展段階ないしは年次を測る。そして，自然出生力状態（出生抑制を実施しない）の場合に夫婦がもつであろう子供数 Cn，夫婦の希望子供数 Cd，夫婦がもつ実際の子供数 C の推移を描くと，次ページの図４－１のようになる。すなわち，Cn は社会経済の発展にともなう生活水準の向上によってしだいに上昇するが，やがて生物学的な出生の

図４－１　発展と出生（子供数）の関係

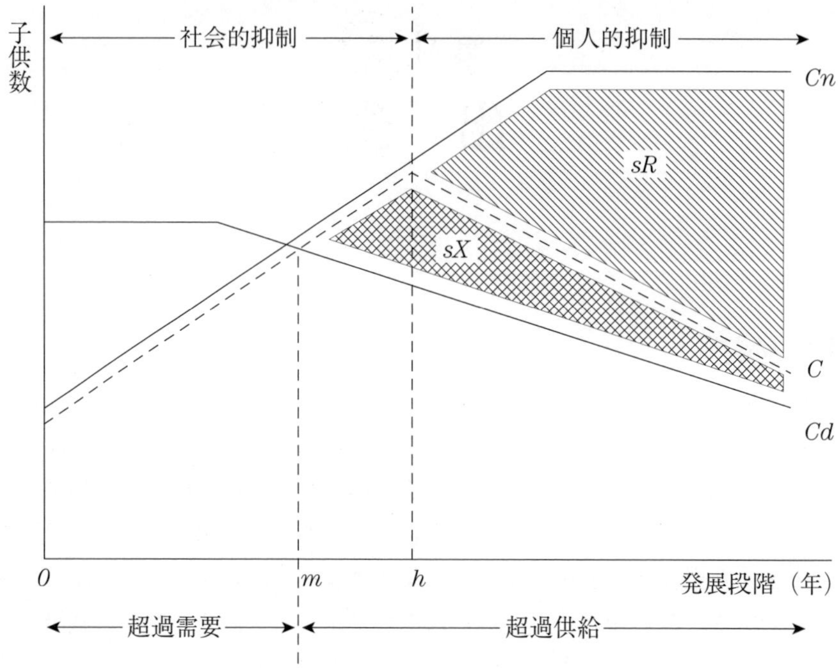

出所：Easterlin, 1978.

上限に達すると横ばい状態になる。Cd は当初の間は高水準にあるが，社会経済発展の進展にともなって減少することになる。このような状況の下で，C はどのように推移するであろうか。

図中の点 m の左方，すなわち低発展の状況では，希望子供数 Cd が自然出産力 Cn を上回っている。すなわち，子供に対する超過需要（$Cd > Cn$）の状況が生じていることになる。このような状況の下においては，出生抑制を試みる者はおらず，現実の子供数 C は自然出産力 Cn に規定されるために，C は Cn に沿って推移することになる。

さて，発展のある時点から希望子供数 Cd は低下しはじめるが，自然出生力 Cn は上限に達するまで上昇を続けるために，点 m の右方では希望子供数が出生力を下回ることから，子供の超過供給（$Cd < Cn$）が生ずる（これは，図中の sX によって示される）。また，発展が点 h に至ると，子供の超過供給による負担が出生抑制の費用を上回り，出生抑制手段が用いられる結果，sR 分の出生が抑制される結果，sX はしだいに減少する。

この点 h の左方における出生は超過需要の状況にあり，自然出産力によって規定されている。こうした発展段階の下で出生に影響を及ぼすのは，一般に社会慣習・通念などの社会規範，すなわち社会学的要因である。これに対して，点 h の右方における出生は超過供給の状況下にあり，夫婦が家族計画を実施して出生調整を行うが，夫婦の意思決定に対しては夫婦を取り巻く経済的要因が作用している，といえる。いわゆる出生の経済学は，主としてこの段階の出生を分析対象としている，といえよう。

（2）イースタリン仮説の検証

次に，イースタリン仮説に関する議論を，実証的に確かめてみよう。イースタリン仮説では，経済発展にともなって自然出産力 Cn が上昇するなか，夫婦は経済的諸要因の影響の下で子供をもつか否かの決断をし，各種の出生抑制手段を用いることによって現実の子供数 C を希望する子供数 Cd へと近づけてゆく。これをいい換えるなら，経済の発展にともなって図中の sR に相当する部分が大きくなってゆくことでもある。

出生力媒介変数を用いて示すと，これは下記の図4－2のようになる。すなわち，社会的・経済的要因などの間接的要因が，結婚パターンの変更・避妊・人工妊娠中絶などの直接的要因（出生力媒介変数あるいは近因）に作用し，これが出生を規定するのである。

図4－2　出生力決定の間接的要因と直接的要因

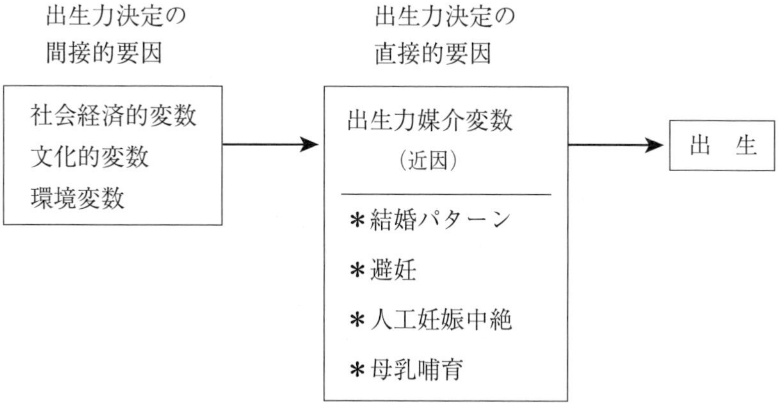

出所：Bongaarts and Potter, 1983.

さて，人間の生物としての能力を最大限発揮した場合，１人の女性が一生涯に生むことのできる子供数は15.3人である。しかし，１人の女性が一生涯に生む子供数（合計（特殊）出生率 TFR）は，これよりはるかに低い数（わが国の場合，2005年は1.26人）である。この15.3人と現実の子供数（TFR）との格差，すなわち出生の抑制がどのような抑制手段によって，何人抑制されているかを分析する手法が，ボンガーツの開発したデコンポジション法である（Bongaarts, 1982）。次ページの図４－３を参照されたい。

この手法においては，図４－３に示されているように，出生を抑制する近因（Proximate Determinants of Fertility）として①母乳哺育の出生抑制効果，②各種の避妊法，③人工妊娠中絶，④結婚年齢の変更をあげ，その効果の度合を計測する。

図4－3　ボンガーツのデコンポジション法の概要

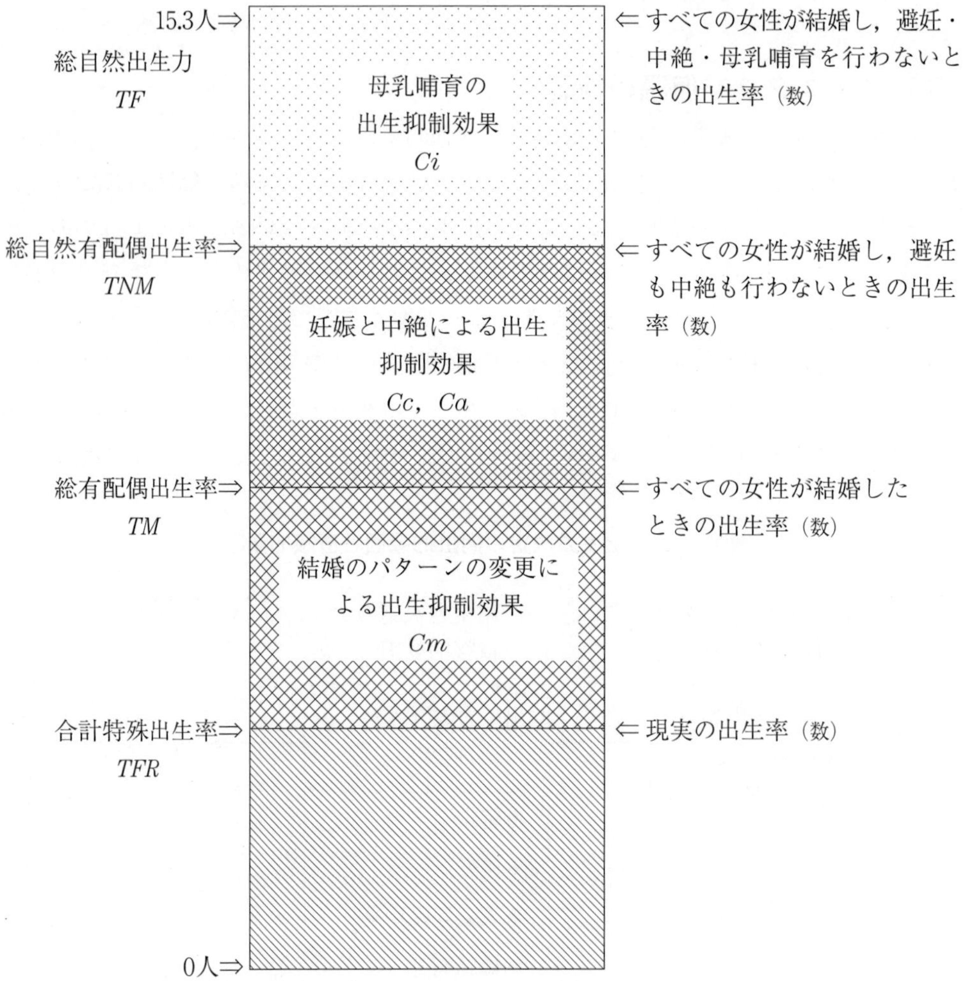

出所：Bongaarts, 1982.

さて，次ページの図4－4が示しているのは，この手法を用いて1925～1975年にいたるわが国の合計（特殊）出生率と出生抑制数を示したものである。

イースタリン仮説における自然出生力とは，自然出生力状態（出生抑制を実施しない）の場合に夫婦がもつであろう子供数 Cn を意味している。これは，ボンガーツの総自然有配偶出生率に相当する，とみなしてよいであろう。このようにみるなら，わが国における自然出生力は経済発展にともなってしだいに上昇し，その上限である15.3人に近づいてきた，ということができよう。

図4－4　ボンガーツのデコンポジション法による分析結果

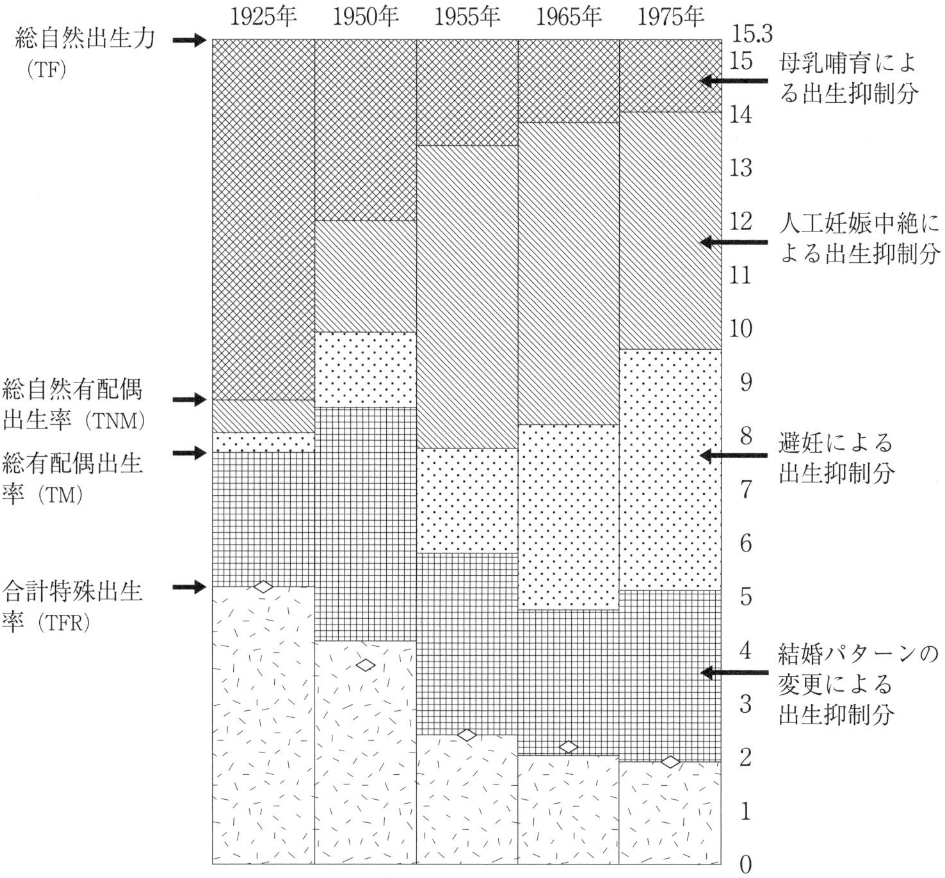

出所：大塚，1988。
注）◇印が示しているのは現実値。

出生抑制効果に関していえば，結婚年齢の変更はほぼ一定である。人工妊娠中絶は，1955年までは増大しているが，その後は減少している。また，各種の避妊法の実施による抑制は，一貫して増大している。

これを全体としてみるなら，総自然有配偶出生率 *TNM*（図4－1の *Cn* に相当）は経済発展にともなって上昇しているが，夫婦の意思決定による出生抑制数（同図の *sR* 部分に相当）が増大してきた結果，*TFR*（同図の *C* に相当）は低下してきた，といえる。これは，イースタリン仮説の点 *h* の右方における現象が，わが国で生じたことを示すものである，といえよう。

これ以前の推移は，統計データの関係上計算はできない。しかし，各種の歴史的文献などからすると，イースタリン仮説の想定とほぼ同じことが生じていた，と思われる。

3．出生の経済学

先の図4－1の点 h の右方においては，出生決定に関する夫婦の意思決定，およびこれに影響を及ぼす経済的要因が重要な意味をもつ。そこで，これを分析対象とする，研究が盛んに行われ，さまざまな理論や仮説が提示され，「出生の経済学」と呼ばれる分野を形成するに至っている。ここでは，その代表的事例として，ライベンシュタインの仮説（Libenstein, 1974）を取り上げることにする（図4－5を参照）。

図4－5　子供の効用・不効用と所得水準

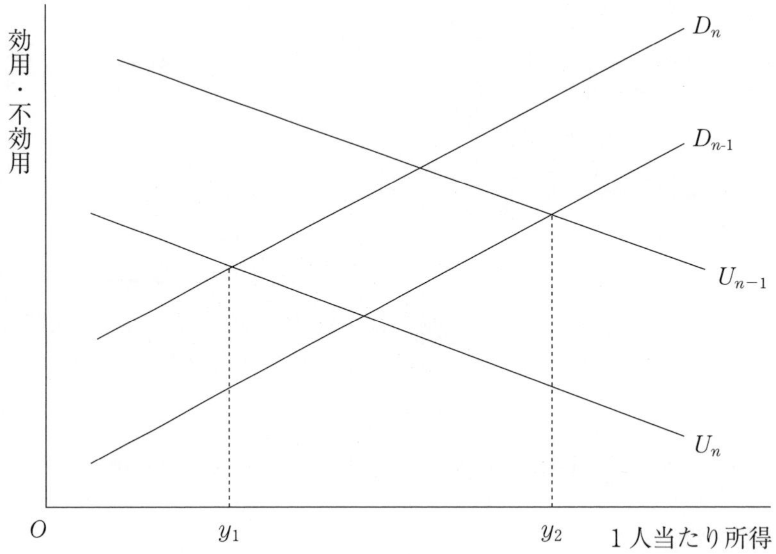

出所：Leibenstein, 1974.

ライベンシュタインは，夫婦は子供から得られる効用（満足）と不効用（不満足）とを勘案することによって希望子供数を決定する，との仮説を提示した。

まず，ライベンシュタインは追加的子供から得られる効用として，①子供をもつこと自体から得られる効用，②子供がもたらす所得（労働）から得られる効用，③子供による老後の生活保障などの効用を上げている。これらの効用のうちの①は，経済的要因とはかかわりがないものである。これに対して，②と③は1人当たり所得の増加（経済発展）にともなって低下する。また，この効用は，$n-1$ 番目の子供の効用よりも n 番目の子供の効用の方が小さい，すなわち限界効用は逓減するのである。それゆえ，図4－5中の効用曲線（U 曲線）は右下がりとなり，出生順位が高いほどより下位に位置する。

他方，追加的子供から来る不効用は，①養育費，②教育費，③機会費用（出産・育児のために失った母親が得られたであろう所得など）がある。これらの不効用は，１人当たり所得の増加（経済発展）にともなって増加し，また出生順位が高まるにつれて増加する。このため，図中のD曲線は右上りとなり，出生順位が高いほどより上位に位置する。

このとき，１人当たり所得水準がy_1以下であれば，効用U_nが不効用D_nを上回っているので（$U_n > D_n$），夫婦はn番目の子供を欲することになる。しかし，１人当たり所得水準がy_1を上回ると，効用より不効用が大きくなるため（$U_n < D_n$），夫婦はn番目の子供を欲しなくなる。また，この所得がy_1を越えてからy_2に至るまでは，$n-1$番目の子供の効用が不効用を上回っているため（$U_{n-1} > D_{n-1}$），夫婦は$n-1$番目の子供までしか欲しなくなる。さらに，１人当たり所得水準がy_2を越えると，夫婦は$n-2$番目までの子供しか欲しなくなる。

このような因果関係があるため，経済発展が進展するにつれて，夫婦の希望子供数はしだいに減少してゆくことになる（蛇足ながら付け加えると，希望子供数を実現するために夫婦が出生抑制手段を用いれば，現実の子供数も減少することになる）。

４．出生率と死亡率の関係—乳幼児生存仮説—

出生率の低下に関しては，留意すべき事項がある。それは，出生率低下のタイミングである。人口転換理論（本書第２章を参照）を説明する際にも述べたように，出生率の低下は死亡率が低下した後に生ずる。このことから，「死亡率の低下は出生率低下の前提条件である」といわれてきた。しかしながら，両者の間にどのような因果関係があるのかは，近年にいたるまで明確にされてきたわけではなかったのである。

（１）乳幼児生存仮説

この死亡率の低下と出生率低下との間の因果関係を説明するものが，乳幼児生存仮説である。ただし，この乳幼児生存仮説とは，ある１つの仮説の名称ではない。乳幼児の死亡と出生との間の因果関係を説明する，一連の仮説群の総称のことである。ここでは，次ページの図４－６を用いて，乳幼児生存仮説について概観することにしよう。

乳幼児生存仮説には，いくつかの類型がある。まず，最初に提示されたのは，ジョン＝ノデールが提示した母乳保育仮説である（Knodel, 1968）。彼は，母乳で子供を育てている母親の身体の，授乳行為に対する生理的な反応に着目した。すなわち，母親が母乳で子供を育てるとき，子供が乳頭を吸う搾乳刺激が女性の脳下垂体に作用し，排卵抑制ホルモンが分泌され，次の妊娠が起こり難くなるのである。これは哺乳類一般にみられることで，種の存続と繁栄を図るうえで現在の子育てが最優先事項なる（換言すると，次の出産が起こると，母乳をめぐる子供間の競合関係が起こる公算が高まる）からである。

このような関係があるとき，乳幼児の死亡率が低く，子供が順調に育っていれば（死亡

図4－6　各仮説が想定している因果経路

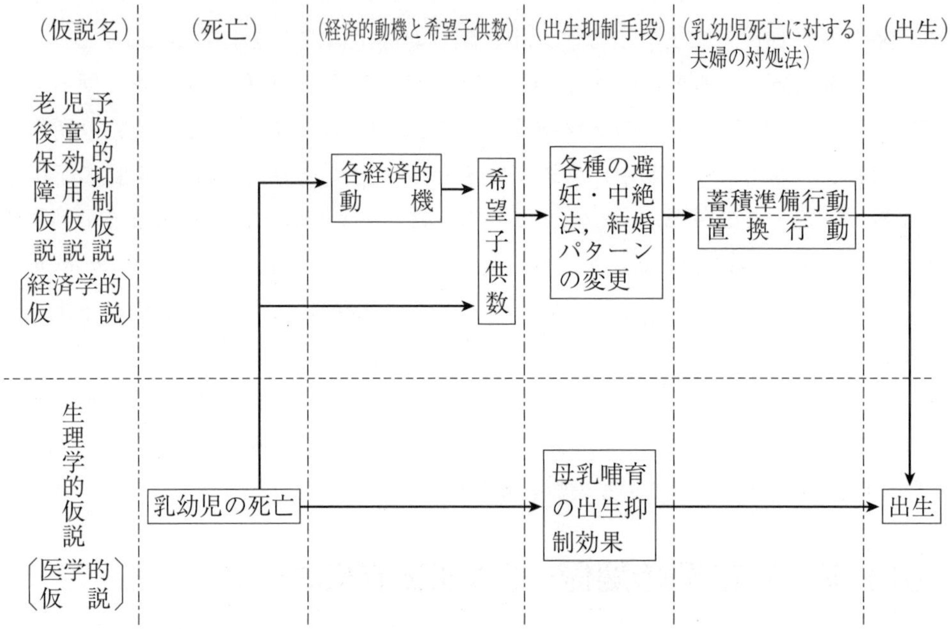

資料：大塚，1985b。

しなければ)，授乳期間も長期化し，母親が一生涯に生む子供数は少なくなる。逆に，乳幼児の死亡率が高く，子供が早期に死ぬほど授乳期間は短期化し，次の妊娠が起こりやすくなるために，当然のことながら，母親が一生涯に生む子供の数は多くなる。

それゆえに，乳幼児死亡率が高ければ出生率も高く，乳幼児死亡率が低ければ出生率も低い，という関係が出生と死亡との間に成立することになる。

さて，ノデールが母乳哺育仮説を提示した後，乳幼児死亡率と出生率との因果関係を説明する幾つかの仮説が提示されてきた。これらの仮説は，老後保障仮説，予防的抑制仮説，児童効用仮説，とでもいうべきものである（図4－6を参照)。これらの3つの仮説が想定している乳幼児死亡と出生との因果関係は，およそ次の通りである（大塚，1985b)。

まず，①乳幼児の死亡水準が夫婦の有する経済的動機に影響し，②これが彼（女）の希望子供数を規定する。そして，③夫婦は希望子供数を実現するために，各種の出生抑制手段（避妊，人工妊娠中絶，結婚年齢の変更等）を採用して，④乳幼児の死亡水準に出生を対応させようとする調整行動を採る。この行動には，あらかじめ乳幼児の死亡を見込んで，その分多くの子供を生んでおく蓄積準備行動（Hoarding）と，子供が死亡した場合，これを新たな出生によって置き換えてゆく置換行動（Replacement）の2つがある（しかし，実際に両親が採用する方法は，両者を組み合わせたものであろう)。

では，3つの仮説の違いがどこにあるのか，といえば，それは経済的動機である。老後保障仮説では，夫婦の老後の生活の保障を重視する。夫婦が老後の生活を子供に頼らざるを得ない場合，子供の数は多いに方が良いに決まっているが，子育てにかかる諸経費（養育費・教育費等）を考慮にすると，子供を無制限に生むわけにはいかない。こうした動機が作用して，子育てにかかる費用と便益とのバランスを勘案した場合，彼（女）らが希望する子供数（希望子供数）はおのずと一定の数に収束してくることになる。

予防的抑制仮説の経済的動機は，豊かな経済（消費）生活の享受である。子供をもつことと，豊かな経済生活を享受することとは，ある意味では二律背反（トレードオフ）の関係にある。すなわち，一家の財政には予算制約があるために，豊かな消費生活を享受しようとすれば，子供の数を抑制しなければならない。これとは逆に，子供を多くもとうとするなら，望み通りの消費生活は諦めなければならない。こうした要因が働くことによって，夫婦の希望子供数はある一定水準に落ち着くことになる。

児童効用仮説の中心となる経済的動機は，子供の“質”である。経済学的には子供は一種の“耐久消費財”とみなすことができ，夫婦は子育て（すなわち，子供という耐久消費財を消費することから）から満足感（効用）を手に入れる。この場合の効用は，子供の質が高いほど大きく，子供の質を高めるには教育投資が必要となる。しかし，夫婦の財政には限りがあるため，子育てから得られる効用を最大化するために，教育投資を増やそうとすれば子供の数を減らさなければならない。こうした要因が働くことによって，夫婦の希望子供数はある一定水準に落ち着くことになるのである。

しかし，いずれの仮説に基づくにせよ，夫婦が希望子供数を実現しようとする場合に，乳幼児の死亡率の水準は夫婦が考慮すべき重要な要因となる。その結果として，乳幼児死亡率が高い（低い）場合には，出生率も高く（低く）なるのである。

以上が乳幼児生存仮説の概要であるが，これら4つの仮説を経済の発展段階に基づいて検討すると，興味深い知見が得られる（表4－1を参照）。まず，母乳哺育仮説では，母乳哺育に対する母体の生理的反応によって，出生率は乳幼児死亡率に見合った水準に自動的に決まることが想定されている。つまり，この仮説は夫婦が出生に対する意思決定を行えない場合，すなわち避妊や人工妊娠中絶などの出生抑制手段が利用できないときでも機能するのであるから，低発展段階の状況下で効果を発揮している，といえる。

表4－1　各乳幼児生存仮説の特徴

発展段階	社会経済的特徴		出生への意思決定の有無	各段階で作用する仮説	
	出生抑制手段	社会保障制度			
低発展段階	無	無	無	母乳哺育仮説	
発展途上段階	有（伝統的）	無	有	老後保障仮説	予防的抑制仮説
成熟段階	有（効果的）	有	有	児童効用仮説	

これに対して，ほかの3つの仮説は，ある乳幼児死亡水準の下において，夫婦が出生抑制手段を用いて，希望子供数を実現するために出生を意識的に決定できることを前提としている。とするなら，老後保障仮説は，そうした条件は満たしてはいても，社会保障制度が未だ整備されていない，換言するなら老後の生活を子供に頼らざるを得ない発展途上の段階で作用している，と考えられる。児童効用仮説は，そうした経済的柵（しがらみ）から開放された，子育てから得られる満足感に着目していることから，社会保障制度などの充実した（老後の生活を子供に頼る必要のない）成熟段階で作用するものであろう。

最後の予防的抑制仮説は，豊かな経済（消費）生活の享受を経済的動機としていることからも分かるように，近代的な成長と発展がはじまった発展途上段階と，経済が高度に発展した成熟段階の双方において作用している，と考えることができよう。

（2）乳幼児生存仮説の検証

次に，乳幼児生存仮説の妥当性を，日本の都道府県別データを用いて確かめよう（大塚，1985b）。

上記からわかるように，乳幼児生存仮説に妥当性があるなら，乳幼児死亡率 *IMR* が高い場合に出生率 *BR* は高く，乳幼児死亡率が低い場合に出生率は低いはずである。これを理論式によって示すと，出生率は乳幼児死亡率の関数として表わせる（4－1式）。

$$BR = f\,(IMR) \qquad (4-1)$$

さて，縦軸に出生率を測り，横軸に乳幼児死亡率を測り，乳幼児死亡率と出生率のデータの組合せをプロットする（図4－7を参照）。この図のなかで最もプロット数（図中の×印）の多い分布Ⅰを，乳幼児死亡率に見合った出生を実現した適正補償とみなす。しかし，そうした調整には，失敗がつきものであり，乳幼児死亡率に比して出生率が高すぎる場合，あるいは乳幼児死亡率に比して出生率が低すぎる場合も生じよう（すなわち，乳幼児死亡がAの水準にあっても，それに比べて出生が多い地域，少ない地域が生ずる）。前者を過剰補償（分布Ⅱ），後者を過少補償（分布Ⅲ）とし，それぞれダミー変数（D1とD2）によって表わすと，上記の4－1式は次のように書き改めることができる（4－2式）。

$$BR = f\,(IMR, D1, D2) \qquad (4-2)$$

図4－7　出生率と乳幼児死亡率の関係

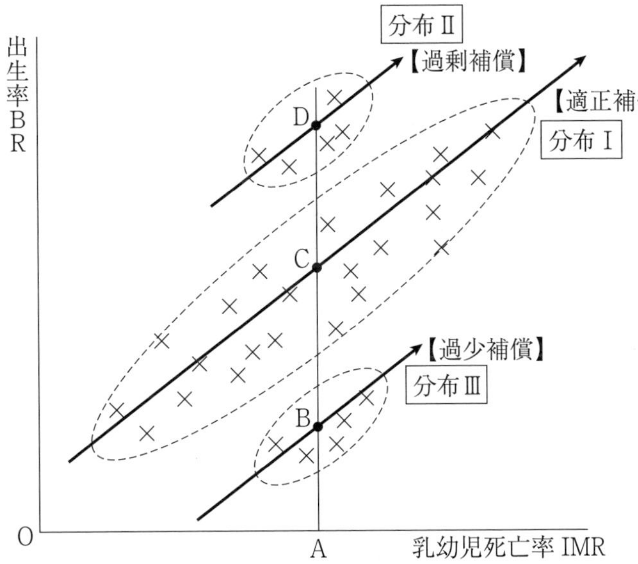

そこで，わが国の1930年から1980年にいたる時期の，標準化出生率と乳児死亡率の都道府県（クロス・セクション）データを用いて重回帰分析を行うと，良好な分析結果を得ることができる。下記の式と図4－8は，その一部を紹介したものである。

【1960年】

$$BR = 8.598 + 0.198IMR + 3.721D1 - 1.791D2$$

$$R^2 = 0.774$$

図4－8　出生率と乳児死亡率の関係（1960 年）

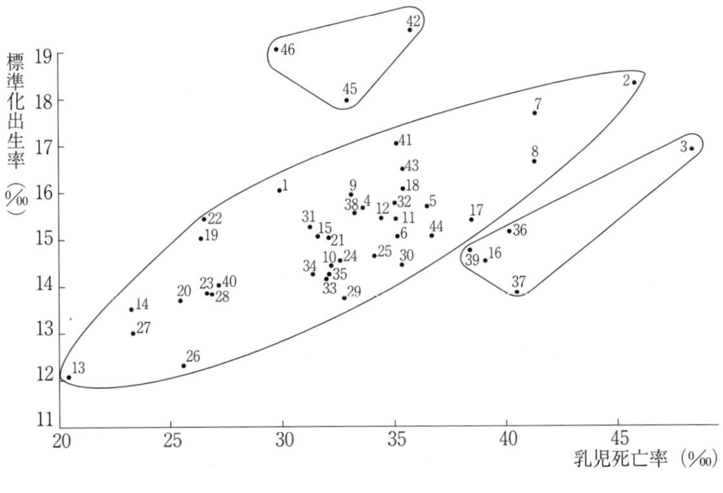

注：図中の数値は，都道府県を表す行政コード番号である。

すなわち，この時期のわが国にも乳幼児生存仮説が当てはまり，乳幼児死亡率が高い（低い）場合には出生率も高い（低い），という関係が成立していたことになる。

次に問題となるのは，各時期にどの仮説が大きく作用していたか，ということであ。この点に関しては，先の図４－４に示したように，1950年ごろまでは母乳哺育の出生抑制効果がかなり大きいことから，生理学的仮説が作用していた，と考えてよいであろう。また，毎日新聞社の『全国家族計画世論調査』によれば，「老後の暮らしを子供に頼るつもり」，という回答は，わが国の年金制度が整備拡充された1973年以降は極めて少なくなっている。そうであるなら，1950～1973年頃まで力を発揮していたのは，老後保障仮説，ということになる。また，社会保障制度の整備・拡充が進む1973年以降になると，子供に老後を頼る必要がなくなり，子供をもつこと自体から得られる満足感が重要になった，と考えられる。そうであるなら，この時期には児童効用仮説が作用していた，と考えられる（大塚，1985b）。また，このような分析結果と当時の社会経済状況に鑑みるなら，1950年以降の時代には，表４－１が示すように予防的抑制仮説が一貫して働いていた，と考えることができよう。

（３）乳幼児生存仮説の副産物

この図４－７と図４－８からは，ほかにも興味深い知見が得られる。乳幼児生存仮説（図４－７）の考え方にしたがって，各都道府県の出生率と乳幼児死亡率との関係をプロットすることにより，各年次について図４－８のような図を作成する。すると，過少補償に属する都道府県，すなわち乳幼児死亡率の高さに比して出生率が低いと思われる都道府県は，年次ごとに入れ替わっていることに気がつく。そこで，これらの都道府県が過少補償に属した年次を地図上に記入し，古い年次のものから新しい年次のものへと矢印でつないでゆくと，次の図４－９ができ上がる。この図からわかるように，出生率が過少補償になった県をみると，九州では福岡，関西では京都・大阪・兵庫・奈良，関東では東京，東北では岩手を中心に，周辺部へと放射状に広がっていることがわかる。このことは，低出生を容認する態度が各地域の中心部分から周辺部へと広がっていったことを意味している，といえよう。

さらに，こうした現象を日本全体について俯瞰するのなら，低出生を容認する態度を有する地域は，まず九州と関西に出現し，次いで関東，東北，そして北海道の順で出現していることがわかる。すなわち，太平洋沿岸を北上していることになり，ほぼ日本の経済発展の進展と軌を一にするものである，といって差し支えないであろう。

つまり，経済発展の進展と出生率の低下とは密接な関係にあることになる。

図4－9　出生に対する態度の変化伝播径路

年	記号
1930	a
1950	b
1955	c
1960	d
1965	e
1970	f
1975	g
1980	h

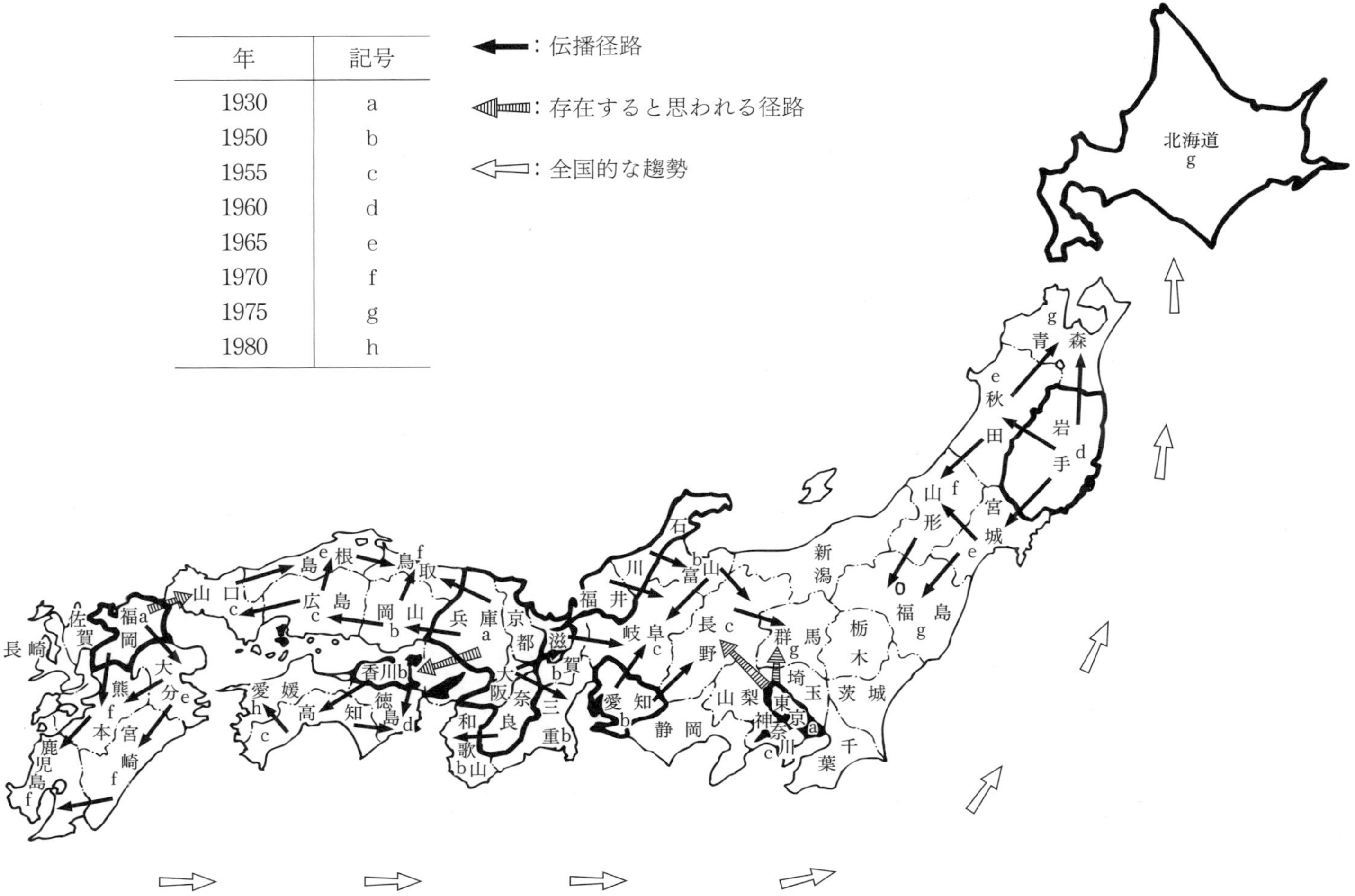

出所：大塚，1985b。

５．出生指標

以上の議論では，出生を表わす指標として合計特殊出生率や普通出生率などを用いてきたが，本節においてはこれらの指標の一部について概観しておこう。

①　普通出生率（Crude Birth Rate）

普通出生率とは，人口1,000人当たりの出生数を示す指標である（単位は，パーミル‰である）。この指標は，ある年 t の総出生数 TB_t を同年の総人口 TP_t で除し，これに1,000を乗ずることによって求める。

$$CBR_t = \frac{TB_t}{TP_t} \cdot 1{,}000 \qquad (4-3)$$

この指標は，計算に使用する統計データも計算式も簡素であり，計算しやすいことから，国際比較などにおいてよく用いられる。しかしながら，普通死亡率（Crude Death Rate）の説明においても述べたように，この指標も年齢構成の影響を受ける点に気をつけなければならない。すなわち，総人口 TP_t が同じであっても，総人口に占める妊孕可能年齢女子人口の比率が高い場合は，普通出生率は高くなる。逆に，高齢化などによって，総人口に占める比率が低い場合には，普通出生率は低くなるであろう。

②　年齢別出生率（Age Specific Fertility Rate）

年齢別出生率とは，女性の出生パターン等を知るうえで役立つ指標である（次ページの図４－10を参照）。この指標は，t 年に x 歳の母親から生まれた子供の数（母親の年齢別出生数）$B_{x,t}$ を，t 年に x 歳の日本人女子人口 $P^f_{x,t}$ によって除すことで得られる（右肩の添え字 f は，女子を示す）。

ただし，年齢別出生率は，各歳別のデータを用いて求める場合（４－４－ⓐ式を参照）と，５歳階級別のデータを用いて求める場合（４－４－ⓑ式を参照）とでは，計算式が若干異なる。これらの２つの式において，変数左方下の数値１は各歳別のデータを用いていることを，また変数左方下の数値５は５歳階級別のデータを用いていることを示す。

図4－10　2000年の年齢別出生率（出生パターン）

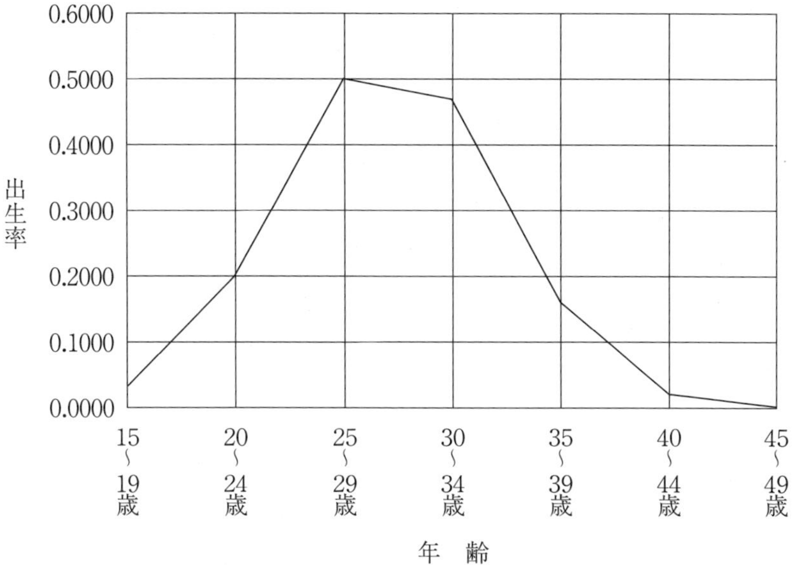

$${}_1ASFR_{x,t} = \frac{{}_1B_{x,t}}{{}_1P^f_{x,t}} \qquad (4-4-ⓐ)$$

$${}_5ASFR_{x,t} = \frac{{}_5B_{x,t}}{{}_5P^f_{x,t}} \cdot 5 \qquad (4-4-ⓑ)$$

本書においては，５年間隔で人口を推計する簡易人口モデルのための出生率を求めるのであるから，当然，年齢別出生率の計算方法は第４－４－ⓑ式を用いることになる。この式においては，各歳別の場合（４－４－ⓐ式）とは異なって，$B_{x,t}/P^f_{x,t}$ に５を乗じている。この理由は，５歳階級別のデータを用いた場合には，${}_5B_{x,t}/{}_5P^f_{x,t}$ によって求められた出生率が５年間は続くことになるため，これを５倍しなければならないからである。

５歳階級別のデータを用いた年齢別出生率の計算の具体的事例は，下記の通りである。

① エクセルのワークシートに，次ページ上部の表が示すように表題を入力する。

② セルC3～C9に，2000年の年齢別女子人口（日本人人口）に関する５歳階級別データを入力する。

③ セルD3～D9に，2000年の母親の年齢別出生数の５歳階級別データを入力する。

④ セルE3に計算式「＝(D3/C3) ＊5」と入力すると，「0.0273」という値が現れる。

⑤ セルE3をクリックし，同セルの右下角にポインタを合わせると色が白（✚）から黒（✚）に変わる。このとき，セルE3からE9までドラッグする。すると，セルE4～E9のなかに，それぞれの年齢階級の出生率に関する計算結果が表れる。

	A	B	C	D	E
1	年齢		女子人口 (2000)	出生数 (2000)	ASFR (2000)
2					
3	妊孕可能年齢	15～19歳	3619990	19772	0.0273
4		20～24歳	4040124	161364	0.1997
5		25～29歳	4725557	470841	0.4982
6		30～34歳	4237697	396908	0.4683
7		35～39歳	3937859	126411	0.1605
8		40～44歳	3818683	14848	0.0194
9		45～49歳	4404042	402	0.0005
10			TFR(=Σ ASFR)		1.3739

出所：国勢調査（2000年），人口動態統計（2000年）。

本書の第２章（人口モデル）の計算に用いた1955年の５歳階級別の年齢別出生率は，この計算手法（４－４－ⓑ式）に下記の年齢別女子人口（日本人人口）と母親の年齢別出生数に関するデータを当てはめて求めたものである。

表４－２　1955 年のデータ

（単位：1,000人）

年　齢		女子人口（1955年）	出生数（1955年）
妊孕可能年齢	15－19	4,255,965	25,213
	20－24	4,186,432	469,066
	25－29	3,810,191	691,407
	30－34	3,299,310	372,206
	35－39	2,780,411	138,170
	40－44	2,607,156	33,058
	45－49	2,221,613	1,572

出所：国勢調査（1955年），人口動態統計（1955年）。

③　合計（特殊）出生率（Total Fertility Rate）

合計（特殊）出生率とは，年齢別出生率の合計値のことであり（４－５式），一般には，「１人の女性が一生涯に生む子供数」を意味するものと理解されている。

$$ {}_nTFR_t=\sum_{x=15}^{49} {}_nASFR_x \qquad (4-5) $$

しかし，より厳密にいえば，「ある時点の出生パターン（年齢別出生率）が長期間にわたって変化しない，という仮定のもとで，１人の女性が一生涯（妊孕可能年齢期間内）に生む子供数」を意味している。このことを次の表を用いて説明しよう。

表4－3　合計（特殊）出生率の基本的考え方

年　齢		ASFR (2000)	年齢別出生率が長期にわたり変化しない，と仮定					
			2005	2010	2015	2020	2025	2030
妊孕可能年齢	15～19歳	0.0273	0.027309	0.027309	0.027309	0.027309	0.027309	0.027309
	20～24歳	0.1997	0.199702	0.199702	0.199702	0.199702	0.199702	0.199702
	25～29歳	0.4982	0.498186	0.498186	0.498186	0.498186	0.498186	0.498186
	30～34歳	0.4683	0.468306	0.468306	0.468306	0.468306	0.468306	0.468306
	35～39歳	0.1605	0.160507	0.160507	0.160507	0.160507	0.160507	0.160507
	40～44歳	0.0194	0.019441	0.019441	0.019441	0.019441	0.019441	0.019441
	45～49歳	0.0005	0.000456	0.000456	0.000456	0.000456	0.000456	0.000456
TFR（＝Σ ASFR）		1.37					TFR	1.37

2000年に15～19歳の女子は，2005年には20～24歳，2010年に25～29歳，と年の経過につれて年齢の階梯を上がってゆく。すると，2000年に15～19歳の女性が一生涯（妊孕可能年齢期間内）に生む子供の総数は，2030年以降にならないとわからない（ただし，こうして求める合計出生率を，コーホート合計（特殊）出生率という）。しかし，これでは，2000年の出生の動向を把握することはできない。

この問題を回避するために，2000年の年齢別出生率が長期にわたり変わらない，と仮定する。すると，2000年に15～19歳の女性が，年の経過につれて年齢の階梯を登ってゆく過程（点線の斜線を参照）で，妊孕可能年齢期間内に生む子供の総数（1.37人）と，年齢別出生率の合計値（実線の垂直線，1.37人）とは同じ意味を有することになる（こうして求める合計（特殊）出生率を期間合計（特殊）出生率という）。

先に述べたように，合計（特殊）出生率が意味する「1人の女性が一生涯に生む子供数」に，「現行の出生パターン（年齢別出生率）が長期にわたり変化しない，と仮定した場合」，という但し書がついているのは，こうした理由による。この点に関しては，前章で概観した生命表と同じ考え方にしたがっている，といえる。

また，第2章人口モデルでは，下記の2つの式に基づいて各年次の年齢別出生率を *TFR* から推定したが，これは出生パターンが変化しない，と仮定したからである。

$$\alpha_t = \frac{TFR_t}{TFR_0} \qquad (4-6)$$

$$_5ASFR_{x,t} = \alpha_t \cdot {}_5ASFR_{x,0} \qquad (4-7)$$

6．出生変動と経済発展の関係

以上の議論からするなら，経済の発展にともなって女性が一生涯に生む子供の数（合計（特殊）出生率）はしだいに低下する，といえる。このとき，経済発展を表す指標として1人当たり国内総生産を用いると，次の理論式が示すように，合計（特殊）出生率は1人当たり国内総生産の関数として表すことができる（4－8式)。

$$TFR_t = f\left(\frac{GDP_t}{TP_t}\right) \qquad (4-8)$$

ただし，上記式中の *TFR* は合計（特殊）出生率，*TP* は総人口，*GDP* は国内総生産添え字の t は年次を示すものとする。

さらに，*TFR* が低下するときの下限値（それ以上には低下しないことを示す値）を1.0と仮定し，また経済発展と *TFR* との関係が一時的に変化する場合（たとえば，*TFR* が一時的に低まる時期と高まる時期）をダミー変数（次式中の *D*5と *D*6がダミー変数である。これは0と1から成る変数で，*TFR* と経済発展との関係の一時的な変化（上昇と低下）をこれによって表すことができる）を用いるなら，この式は下記のようなより現実的なものとなる。

$$\ln(TFR_t - 1.0) = f\left(\frac{GDP_t}{TP_t}, D5, D6\right) \qquad (4-9)$$

この式を，日本のデータを用いて，実際に求めてみよう。その作業手順は，およそ次の通りである。

（1）データ入力

下記の表に示された1955年から2000年までのわが国の合計（特殊）出生率 TFR，国内総生産 GDP，ダミー変数に関するデータを，エクセルの任意の Sheet（たとえば，Sheet 2）に入力する（76ページ。太字の網かけ部分)。

（2）データ処理

① セル E3に上記出生関数の左辺の計算式「=LN(B3－1)」を入力する。すると，セル E3の中に数値「0.315」が現れる。次いで，セル E3をクリックした後，先に述べた要領でドラッグ機能を用い，セル E48までの計算を行う。

② セル F3に1人当たり GDP の計算式「=C3/D3＊100000」を入力する。すると，セル F3のなかに数値「52.8」が現れる。次いで，セル F3をクリックした後，先に述べた要領でドラッグ機能を用い，セル F48までの計算を行う。ただし，この計算式中

の100000は，単位を1万円に変換するための数値である。

③　分析ツールから回帰分析を呼び出し，【入力Y範囲】（被説明変数）にセルE3〜セルE48を指定し，【入力X範囲】（説明変数）にセルF3〜セルH48を指定する。次いで，【残差（R)】を指定（✓）したうえで，【OK】キーをクリックする。
ただし，回帰分析の呼び出し方はExcelのバージョンによって異なっているので，この点に関してはExcelの解説書を参照されたい。

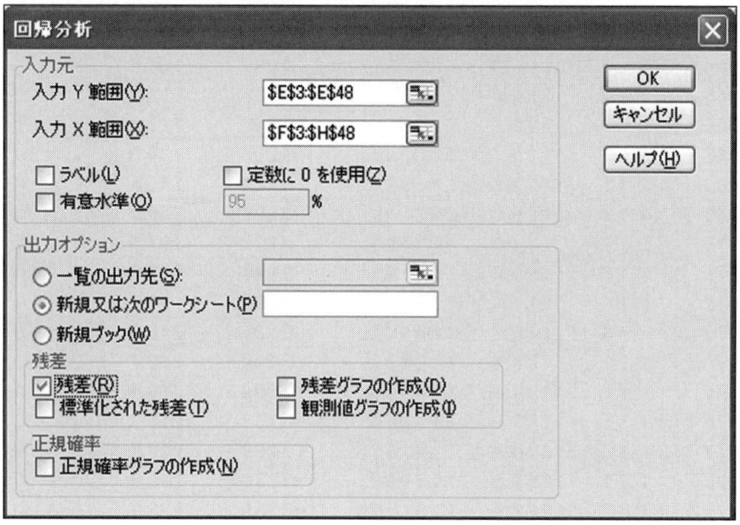

下記の表と式が示しているのは，こうして得られた回帰分析結果の一部とこれを方程式の形で表わしたものである。なお，*DW* 比の計算法は，第3章を参照されたい。

回帰統計	
重相関 R	0.97134
重決定 R^2	0.943502
補正 R^2	0.939466
標準誤差	0.094653
観測数	46

	係　数	標準誤差	t
切　片	0.467333	0.046712	10.0045
X 値 1	−0.00326	0.000143	−22.8424
X 値 2	−0.24892	0.040475	−6.14992
X 値 3	0.181376	0.033715	5.379735

【出生関数】

$$\ln(TFR_t - 1.0000) = 0.4673 \quad -0.0033_1 \cdot \left(\frac{Y_t}{TP_t}\right) - 0.2489 \cdot D5 + 0.1814 \cdot D6 \qquad (4-10)$$

(10.0045)(−22.824)　(−6.1499)　(5.3780)

$R^2 = 0.9435 \qquad DW = 1.1467$

	A	B	C	D	E	F	G	H
1		TFR	GDP	TP	ln(TFR−1)	GDP/TP	D5	D6
2	Year	単位:人	単位:兆円	単位;1000人		単位;1万円	低下	上昇
3	1955	2.37	47.1	89276	0.315	52.8	0	1
4	1956	2.22	50.5	90172	0.199	56.0	0	0
5	1957	2.04	54.5	90928	0.039	59.9	1	0
6	1958	2.11	58.0	91767	0.104	63.2	1	0
7	1959	2.04	63.4	92641	0.039	68.4	1	0
8	1960	2.00	71.7	93419	0.000	76.8	1	0
9	1961	1.96	80.2	94287	−0.041	85.1	1	0
10	1962	1.98	87.1	95181	−0.020	91.5	1	0
11	1963	2.00	94.6	96156	0.000	98.4	1	0
12	1964	2.05	105.4	97182	0.049	108.5	0	0
13	1965	2.14	111.3	98275	0.131	113.3	0	1
14	1966	1.58	122.7	99036	−0.545	123.9	1	0
15	1967	2.23	136.3	100196	0.207	136.0	0	1
16	1968	2.13	152.5	101331	0.122	150.5	0	1
17	1969	2.13	170.8	102536	0.122	166.6	0	1
18	1970	2.13	188.3	103720	0.122	181.5	0	1
19	1971	2.16	196.6	105145	0.148	187.0	0	1
20	1972	2.14	213.1	107595	0.131	198.1	0	1
21	1973	2.14	230.2	109104	0.131	211.0	0	1
22	1974	2.05	227.5	110573	0.049	205.7	0	1
23	1975	1.91	234.4	111940	−0.094	209.4	0	1
24	1976	1.85	243.9	113094	−0.163	215.7	0	0
25	1977	1.80	254.4	114165	−0.223	222.8	0	0
26	1978	1.79	267.9	115190	−0.236	232.6	0	0
27	1979	1.77	282.6	116155	−0.261	243.3	0	0
28	1980	1.75	290.5	117060	−0.288	248.2	0	0
29	1981	1.74	299.8	117902	−0.301	254.3	0	0
30	1982	1.77	309.0	118728	−0.261	260.3	0	1
31	1983	1.80	316.1	119536	−0.223	264.4	0	1
32	1984	1.81	328.5	120305	−0.211	273.1	0	1
33	1985	1.76	342.9	121049	−0.274	283.3	0	1
34	1986	1.72	353.0	121660	−0.329	290.2	0	1
35	1987	1.69	367.6	122239	−0.371	300.7	0	1
36	1988	1.66	390.4	122745	−0.416	318.1	0	1
37	1989	1.57	409.1	123205	−0.562	332.0	0	0
38	1990	1.54	429.9	123611	−0.616	347.8	0	0
39	1991	1.53	446.4	124101	−0.635	359.7	0	0
40	1992	1.50	450.9	124567	−0.693	362.0	0	0
41	1993	1.46	452.3	124938	−0.777	362.0	0	0
42	1994	1.50	455.3	125265	−0.693	363.5	0	0
43	1995	1.42	461.9	125570	−0.868	367.8	0	0
44	1996	1.43	485.3	125859	−0.844	385.6	0	0
45	1997	1.39	493.0	126157	−0.942	390.8	0	0
46	1998	1.38	480.6	126472	−0.968	380.0	1	0
47	1999	1.34	481.6	126667	−1.079	380.2	1	0
48	2000	1.36	486.0	126926	−1.022	382.9	1	0

また，下記の図4－11が示しているのは，合計（特殊）出生率の現実値と，この出生関数を用いて推計した推計値とを比較したものである。この図からわかるように，この出生関数は現実の合計特殊出生率の推移をうまく捉えていることがわかるであろう。

図4－11　TFR と経済発展の関係

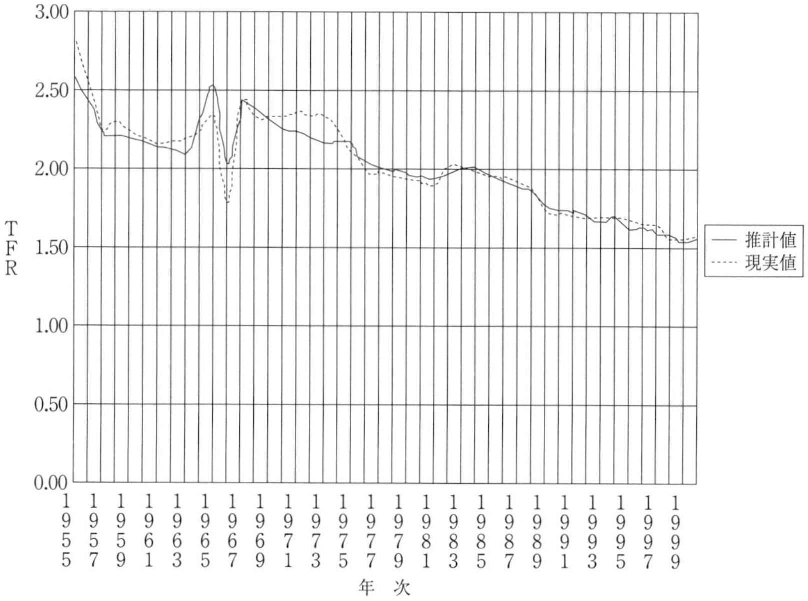

7．まとめ

本章においては，①出生と経済発展との関係を理論的側面から概観したうえで，②出生を示す統計指標（年齢別出生率，合計（特殊）出生率など）を紹介し，次いで③これらの計算を方法を見た後に，④出生率の低下と経済発展との関係を回帰分析によって分析することにより，出生関数を作成した。ここから，出生に関する経済理論，出生に関する統計指標，そして出生の実証分析との間の関係について，ある種のイメージが形成できたであろう。

第6章においては，この出生関数を部品として用いることによって，簡易人口モデルと簡易計量経済モデルを結び付けて，簡易人口経済計量モデルを構築する。

なお，本章においては，さほど複雑な統計処理はしたわけではないので，VBA によるプログラムは作成しない。

第5章
経済発展と人口変動

1．はじめに

これまでの諸章においては，まず，①人口現象と経済現象との相互関係を考察しようとする人口経済学の目的を論じ（第1章），次いで②人口の規模と男女年齢別構成の変化とこれらを規定している人口要因（出生・死亡）との関係を，人口モデルおよび人口転換理論を用いて説明したうえで（第2章），③死亡の経済的決定要因（第3章）を概観し，そして④出生の経済的決定要因（第4章）について論じてきた。

本章では，これらを踏まえたうえで，経済の成長・発展と人口変動との関係を理論的側面から考察したうえで，これに基づいて日本経済の簡易計量経済モデルを構築する。

2．経済の成長と発展

ヒト（人）は生物の一種であり，生きてゆくにはさまざまなものを消費しなければならない。そして，さまざまなものを消費するためには，それを生産し，また分配なければならない。この人間が行う生産，分配，消費が経済行動であり，これらを分析対象とする学問が経済学である。さて，第2章でみたように，人間の集合体である人口は，人類が地球上に現れて以降，戦争・疫病などの障害を克服しておおむね順調に増加してきた。

ということは，いい換えれば，こうした人口の増加を可能にする生産の増加があったことになる。そして，この生産の増加は，経済の成長と発展によって可能になった。では，この成長と発展は，どのような要因によって可能になったのであろうか。

経済の成長を可能にする要因はさまざまある。そうした諸要因のなかでも重要な役割をもつものとしては，①天然資源，②資本ストック（生産設備・機械・器具など），③技術進歩・革新，そして④人口（労働力人口）などをあげることができよう。

ただし，これらの要因は独立しているのではなく，それぞれ密接に関連している。たとえば，あるものを生産するとき，その生産工程をいくつかの段階に分け，各工程内の作業を集中的に行うことで，生産は飛躍的に増大する（分業）。これを実施するためには，各生産工程に見合った資本ストック（生産設備・機械・器具など）を準備しておく，という段取りが必要になる（迂回生産)。また，資本ストックは生産技術を体現した物にほかならず，その性能は技術進歩などに規定されている。しかも，資本ストックを稼働させるのは労働者であるが，その数は人口によって規定されている。さらに，人間の生産活動の基本が自然への働きかけである以上，生産は利用可能な天然資源に規定されるが，科学技術・生産技術などの発展は利用可能な天然資源の範囲を広げることにもなる。

さらにいえば，人間は拡大再生産を可能にする経路のうえにこれらの要因を乗せ，結び付けることによって経済成長を実現してきた。すなわち，下記の図５－１が示しているように，人間はさまざまな資本ストックを用いて必要とするさまざまな物を生産し，消費することによって自らの生存と種の繁栄を実現してきた。その際，生産物を消費しつくすことはせず，その一部を蓄え（貯蓄)，これを次期の生産をより多くする諸条件を整える（資本ストックなどを増加させる）ために活用（投資）してきたのである。

図５－１　経済成長の概念図

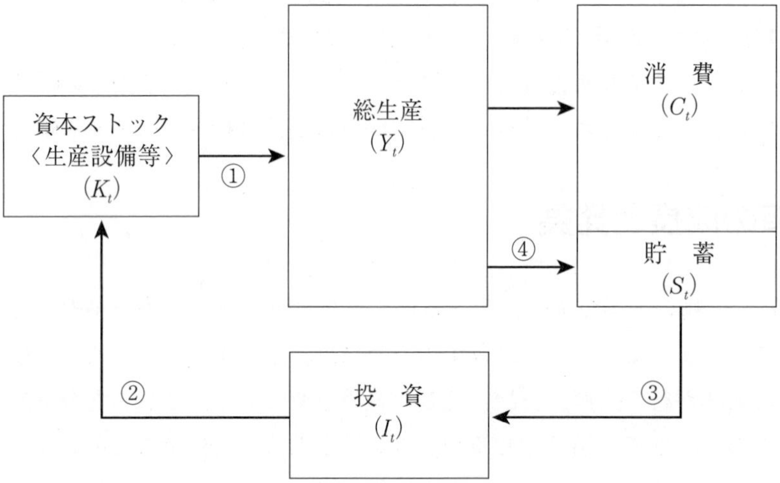

では，経済発展は何かといえば，この経済成長の過程で生ずる経済構造などの変化や質的な向上をも含めた概念である，といえよう。たとえば，明治新政府が富国強兵・殖産興業政策を実施して以来，わが国の経済はおおむね順調に成長してきた。その過程で，日本の産業構造なども工業を中心とするものに変化してきているのである。

しかし，この質的な変化は計測し難い側面もあるなどして，体系的に表すことは容易ではない。これに対して，経済の量的拡大を扱う経済成長論においては，精緻な理論が展開・蓄積されてきた。このため，経済発展を扱う議論では，経済成長理論を援用するのが通例である。本章も，こうした通例に従って議論を進めてゆく。

その際に用いるのは，小型の経済モデルながら，経済成長の主要因と経路とを巧く説明しているハロッド＝ドーマー理論である。この理論では，現実成長率・保証成長率・自然成長率という３つの概念を用いて議論が展開される。しかし，人口と経済との相互関係を考察するという本書の目的から，ここでは現実成長率と自然成長率を取り上げる。

ハロッド＝ドーマー理論の概要は，およそ次の通りである。

3．ハロッド＝ドーマー理論

t 期における国内総生産（国民所得）を Y_t，$t-1$ 期のそれを Y_{t-1} とすると，$t-1$ 期から t 期にわたる１年間の経済成長率 G は次の式によって表わすことができる。

$$G=\frac{Y_t-Y_{t-1}}{Y_{t-1}}=\frac{\Delta Y_{t-1}}{Y_{t-1}} \qquad (5-1)$$

このとき，国内総生産の増加分を ΔY_{t-1}（$=Y_t-Y_{t-1}$）とすると，この間の経済成長率は，

$$G=\frac{\Delta Y_{t-1}}{Y_{t-1}} \qquad (5-2)$$

と表すことができる。しかし，これは経済の成長率を求めるためのものであって，経済成長の要因や因果経路を説明するものではない。ハロッド＝ドーマー理論は，経済成長の主要因と因果経路（図５－１を参照）について，次のように論じている（ただし，この理論においては，資本係数 v，貯蓄率 s，技術進歩率 λ，人口増加率 s は一定とされている。しかしここでは，便宜上，これらを可変的なものとして説明している）。

（１）現実成長率

まず，最初は，現実成長率である。既述のように，我々が必要とするさまざまな財を生産するには資本ストック（生産設備や用具など）が必要である。いま，$t-1$ 期における資本ストックの多寡を K_{t-1}，国内総生産を Y_{t-1}，生産に必要な資本ストックの量を示す資本係数を v_{t-1} とする。すると，これらの間には，次の関係が成立する。

$$\nu_{t-1}=\frac{K_{t-1}}{Y_{t-1}} \qquad (5-3)$$

この式を展開すると，資本ストックと生産額の関係は次式のようになる（すなわち，保有する資本ストックの $1/v$ 倍の生産が行われること（図５－１の①））。

$$Y_{t-1}=\frac{1}{\nu_{t-1}}K_{t-1} \qquad (5-4)$$

ここから，生産を増やすためには資本ストックを増やす必要があることがわかる。

$$\Delta Y_{t-1} = \frac{1}{\nu_{t-1}} \Delta K_{t-1} \qquad (5-5)$$

資本ストックの増加は投資I_{t-1}によって可能になるので（図５－１の②），

$$\Delta K_{t-1} = I_{t-1} \qquad (5-6)$$

５－５式は次のように表わすことができる（５－７式）。

$$\Delta Y_{t-1} = \frac{1}{\nu_{t-1}} I_{t-1} \qquad (5-7)$$

さて，財市場が均衡している場合，投資I_{t-1}と貯蓄S_{t-1}は等しくなる（図５－１の③）。

$$I_{t-1} = S_{t-1} \qquad (5-8)$$

それゆえ，５－７式は次式のようになる（５－９式）。

$$\Delta Y_{t-1} = \frac{1}{\nu_{t-1}} S_{t-1} \qquad (5-9)$$

この貯蓄は，国内総生産（国民所得）Y_{t-1}に貯蓄率s_{t-1}を乗じることによって求めることができるので（図５－１の④），

$$S_{t-1} = s_{t-1} Y_{t-1} \qquad (5-10)$$

上記の５－９式は，次式のようになる（５－11式）。

$$\Delta Y_{t-1} = \frac{1}{\nu_{t-1}} s_{t-1} \cdot Y_{t-1} \qquad (5-11)$$

この式を整理すると，現実成長率Gを示す下記の式が得られる（５－12式）。

$$G = \frac{\Delta Y_{t-1}}{Y_{t-1}} = \frac{s_{t-1}}{\nu_{t-1}} \qquad (5-12)$$

（２）自然成長率

次にみるのは，人口増加と技術進歩の影響を考慮にいれた自然成長率Gnである。

いま，$t-1$期の国内総生産をY_{t-1}，総人口をTP_{t-1}とすると，国内総生産と１人当たり国内総生産（$= Y_{t-1}/TP_{t-1}$）と総人口の関係は，次の５－13式によって示される。

$$Y_{t-1}=\left(\frac{Y_{t-1}}{TP_{t-1}}\right)TP_{t-1} \quad (5-13)$$

この式中の１人当たり国内総生産（$=Y_{t-1}/TP_{t-1}$）は，技術水準を表している，ともいえる。なぜなら，優れた生産技術を体現した生産設備を有している場合，この値が高くなるために，少ない人口でも多くの生産が可能になるからである。他方，優れた生産技術を有していない場合には，この値は低くなるために，人口は多くとも多くの生産が可能になることはない。この意味において，１人当たり国内総生産は技術水準を表している。

さて，いま，技術水準がλ％で進歩し，人口がn％で増加すると，同国の国内総生産の増加は，下記の式によって表すことができる。

$$(1+\lambda_{t-1})(1+n_{t-1})Y_{t-1}=(1+\lambda_{t-1})\left(\frac{Y_{t-1}}{TP_{t-1}}\right)(1+n_{t-1})TP_{t-1} \quad (5-14)$$

$$(1+\lambda_{t-1}+n_{t-1}+\lambda_{t-1}n_{t-1})Y_{t-1}=(1+\lambda_{t-1}+n_{t-1}+\lambda_{t-1}n_{t-1})\left(\frac{Y_{t-1}}{TP_{t-1}}\right)TP_{t-1} \quad (5-15)$$

また，λnの値は微小であるため，これを捨象すると，下記の式が得られる。

$$(1+\lambda_{t-1}+n_{t-1})Y_{t-1}=(1+\lambda_{t-1}+n_{t-1})\left(\frac{Y_{t-1}}{TP_{t-1}}\right)TP_{t-1} \quad (5-16)$$

さらに，次の５－17式の左辺第２項の（$\lambda_{t-1}+n_{t-1}$）Y_tは，Yの増分ΔYを意味しているので，

$$Y_{t-1}+(\lambda_{t-1}+n_{t-1})Y_{t-1}=\left(\frac{Y_{t-1}}{TP_{t-1}}\right)TP_{t-1}+(\lambda_{t-1}+n_{t-1})\left(\frac{Y_{t-1}}{TP_{t-1}}\right)TP_{t-1} \quad (5-17)$$

次の５－18式のように表すことができる。

$$Y_{t-1}+\Delta Y_{t-1}=\left(\frac{Y_{t-1}}{TP_{t-1}}\right)TP_{t-1}+(\lambda_{t-1}+n_{t-1})\left(\frac{Y_{t-1}}{TP_{t-1}}\right)TP_{t-1} \quad (5-18)$$

この式をさらに展開してゆくなら，最終的下記の５－19式が得られる。

$$\Delta Y_{t-1}=(\lambda_{t-1}+n_{t-1})\left(\frac{Y_{t-1}}{TP_{t-1}}\right)TP_{t-1}$$

$$\Delta Y_{t-1}=(\lambda_{t-1}+n_{t-1})Y_{t-1}$$

$$Gn=\frac{\Delta Y_{t-1}}{Y_{t-1}}=\lambda_{t-1}+n_{t-1} \quad (5-19)$$

これが経済の自然成長率であり，この5－19式からわかるように，自然成長率は技術進歩率と人口増加率の和，ということになる。

（3）現実成長率と自然成長率の関係

以上の部分では，経済の現実成長率と自然成長率について概観してきた。しかし，両成率の関係については述べてこなかった。そこで，図5－2を用いて，両成長率間の関係を概観する。

図5－2　現実成長率と自然成長率

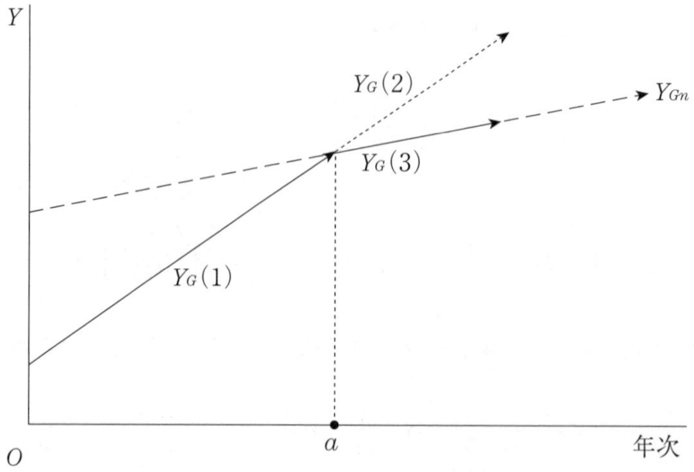

出所：大塚，2007。

いま，縦軸に国内総生産Yを測り，横軸に年次を測る（図5－2を参照）。さて，一国の経済が，自然成長率にしたがって成長したとする（破線Y_{Gn}はその成長経路を示す）。また，同国の経済が，現実成長率にしたがって急成長したとする（実線$Y_G(1)$はその成長経路を示す）。すると，自然成長経路を示す破線Y_{Gn}と現実成長経路を示す実線$Y_G(1)$は，ある時点aにおいて接する。問題は，接した後である。実線$Y_G(1)$は点線$Y_G(2)$が示しているように，破線Y_{Gn}を超えて成長することが可能であろうか。

その答えは，否である。なぜなら，現実の経済における生産活動は，生産技術を体現した生産設備などの資本ストックと，これを稼動させる労働者の数に規定されているからである。それゆえ，自然成長率すなわち，生産技術の進歩を示す技術進歩率と，労働供給を規定している人口増加率の和を超えて，現実の経済が成長することはできないのである。技術進歩率λと人口増加率nの和である自然成長率Gnは，現実の経済成長率Gの上限，ないしは天井を意味していることになる。

以上の理由から，ある時点a以降しばらくの間，現実経済の成長経路は，理論上，自然成長経路に沿って推移することになる（図5－2の$Y_G(3)$を参照）。

4．経済発展と人口転換

既述のように，経済の成長（量的拡大）が生ずる過程で，産業構造などの変化や質的向上が生じる。この量的な拡大に質的な変化を合わせた概念が経済発展である。第2章では経済の発展にともなって人口転換が生ずることを論じたが，ここでは，ヘーゲン・モデル（Hagen, 1959, 図5－3）を用いて，その要因，すなわち経済発展と人口転換との間の因果経路を概観する。

図5－3　経済発展と人口転換の関係

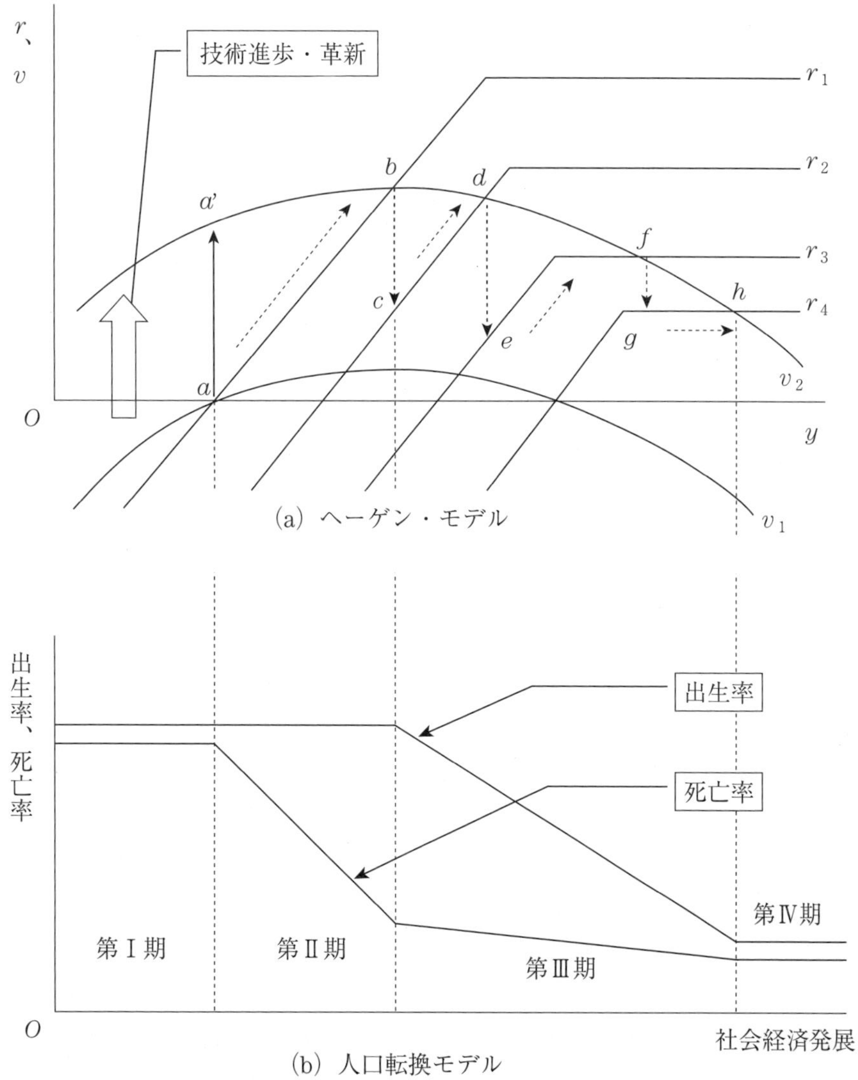

注）Hagen, 1959を基に，筆者作成。

いま，縦軸に人口増加率 r と総所得の増加率 v を測り，横軸に１人当たり所得 y を測る（図５－３）。そして，１人当たり所得と人口増加および総所得の増加率との関係を，それぞれ r 曲線，v 曲線によって示す。このとき，人口増加率 r の上昇は死亡率の低下によって生じる（換言するなら，出生率は一定である），と仮定する（次式を参照）。

人口増加率　＝　出生率　－　死亡率
（上昇）　　　（一定）　　（低下）

さて，１人当たり所得 y が増加すると，生活水準の改善が生じて死亡率が低下するために，人口増加率は高まる。しかし，人口増加率 r は，やがて１人当たり所得 y が増加しても，それ以上には上昇できない上限に達して横ばい状態となる。人口増加率の推移を示す r 曲線がこうした形状を呈するのは，１人当たり所得の増加による生活水準の改善は死亡率の低下をもたらすが，死亡率にはある水準以下には引き下げられない下限値が存在するために，人口増加率が頭打ちになるからである。なお，図５－３に示されている複数の r 曲線（r_1，r_2，r_3，r_4）は，各発展段階に対応した r 曲線が存在することを示している。

また，v 曲線が示しているのは，１人当たり所得 y と総所得の増加率 v との関係である。v 曲線がこうした山形（やまなり）の形状を呈する理由は，人口が資本蓄積より速い速度で増加することに求められる。

さて，図５－３（a）のなかの a 点は，悲惨な状況を示している。いま，何らかの理由にとよって，１人当たり所得が増加したとする。すると，死亡率の低下が生じるために，人口増加率は総所得の増加率よりも高くなってしまう。このために，１人当たり所得 y は低下し，その結果として死亡率が上昇するために，人口増加率が低下することから，結局はもとの a 点に戻ってしまうのである。

この a 点が示している状況こそ，「マルサス的ジレンマ」と呼ばれる状況であり，この低開発状況からはまず容易なことでは抜け出せないのである。

ところが，技術進歩・革新が起こって総所得の成長率 v が上昇した，換言するなら v_1 曲線が v_2 曲線へと推移（シフト）したとする。すると，人口増加率は r_1 曲線上の a 点の水準にあるのに対して，総所得の増加率は人口増加率を上回る v_2 曲線上の a' 点まで高まることになる。そこで，１人当たり所得は増加し，これによる生活水準の改善が死亡率を引き下げる結果，人口増加率は r_1 曲線に沿って上昇し，やがて b 点に達することになる。すなわち，マルサス的ジレンマを脱したことになるのである。

ところで，通常，この経済成長は都市化の進展，教育水準の向上，女性の地位の向上といった現象をともなっている。これらの要因は，出生を抑制する方向に作用する。このため，出生率の低下が生じて，人口増加率は r_1 曲線上の b 点から，r_2 曲線上の c 点にシフトする。すると，総所得の成長率はv_2曲線上のb点にあり，人口増加率（c点）を上回っていることから，人口増加率はr_2曲線に沿って上昇しはじめ，新たな均衡点d点に達する。しかし，経済の成長は都市化や教育水準などをさらに高め，これにより出生率が再度低下するために，人口増加率はr_3曲線上のe点に達する。こうした過程を繰り返すことにより，１人当たり所得は高く，人口増加率は低水準にあるh点に到達するのである。

以上の議論をまとめると，次のようになる。図５－３のヘーゲン・モデルのa点，すなわち，生活水準に何らかの改善があっても，人口増加がそれを打ち消してしまうマルサス的ジレンマは，いわゆる低開発の多産多死状況に相当する。また，人口増加率のa点からb点への上昇は，技術進歩人・革新がもたらした生活水準の向上にともなう死亡率の低下によるものである（出生率は，高水準で一定)。その後の，b点からc点へ，d点からe点へ，といった人口増加率の低下は，経済発展にともなって出生が控えられるようになり，出生率が低下したために生じたものである。そして，最後は，生活水準は高く人口増加率が低い（すなわち，出生率も死亡率も低水準にある）h点である。

ここで述べてきたことは，まさに人口転換そのものである。すなわち，a点のマルサス的ジレンマは人口転換の第Ｉ期に，a点からb点に至る人口増加期は人口転換の第II期に，b点からh点にいたる出生率の低下期は人口転換の第III期に，そしてh点は人口転換の第IV期に相当する。経済発展と人口変動にはこうした関係がある，といえる。

５．簡易計量経済モデルの構築

さて，これ以降の部分では，上記の議論を踏まえ，簡易人口経済計量モデルの一翼を構成する簡易計量経済モデルを構築する。ここで構築する簡易計量経済モデルは，経済成長理論の考え方に基づいているため，当然，供給志向型の逐次モデルである。

さて，供給志向型の逐次モデルの構築で重要な事項は，このモデルの心臓部，ないしは動力部ともいうべき生産関数である。生産関数には，コブ・ダグラス生産関数，CES生産関数，トランス・ログ生産関数等さまざまな種類がある。しかし，簡易計量経済モデルの構築にあたっては，利便性などの観点から，①ハロッド＝ドーマー生産関数と②スーツ型生産関数（考案者の名称にちなんでこう称する）が適している，といえる。

（１）ハロッド＝ドーマー生産関数

まず，最初にみるのは，ハロッド＝ドーマー生産関数である。本書の冒頭で示した経済成長率の計算式の５－１式は，

$$G=\frac{Y_t-Y_{t-1}}{Y_{t-1}}$$

次のように展開できる。

$$G \cdot Y_{t-1} = Y_t - Y_{t-1}$$
$$Y_t = Y_{t-1} + G \cdot Y_{t-1}$$

この上記の式の右辺第2項の$G \cdot Y_{t-1}$は，国内総生産の増加分ΔY_{t-1}を意味しているので，下記のように変形できる。

$$Y_t = Y_{t-1} + \Delta Y_{t-1}$$

この式に先の5－7式（$\Delta Y_{t-1} = \frac{1}{\nu_{t-1}} I_{t-1}$）を代入すると，次式が得られる。

$$Y_t = Y_{t-1} + \frac{I_{t-1}}{\nu_{t-1}}$$

これが，いわゆるハロッド＝ドーマー生産関数である。

本書において構築するのは，5年間隔で人口経済状況を推計する簡易人口経済計量モデルである。したがって，ここで構築する計量経済モデルは，当然のことながら，経済状況を5年間隔で推計する簡易経済計量モデルである。この場合には，5年間の経済成長を推計することになるので，生産関数は下記に示した形になる。

$$Y_t = Y_{t-5} + \frac{I_{t-5}}{\nu_{t-5}}$$

（2）スーツ型生産関数

簡易計量経済モデルに用いる生産関数としては，利便性の観点から，ハロッド＝ドーマー生産関数が適している。しかし，下記に示したダニエル・スーツの考案したスーツ型の生産関数（Suits, 1978）も，同じ理由から適している，といえる。

$$Y_t = Y_{t-5}\exp(\ln GR_{t-5})$$

$$GR_{t-5} = \frac{Y_t}{Y_{t-5}}$$

（3）簡易計量経済モデルの理念型

以上の議論を踏まえて，ハロッド＝ドーマー生産関数を用いた，簡素な簡易計量経済モデルの理念型を作成すると，日本経済は下記の5本の式によって表わすことができる。この式の内容は，先の図5－1で論じたことと同じである（ただし，下記の式中の記号の意味は，***Y***：***GDP***（国内総生産），***I***：投資，***v***：資本係数，***C***：民間消費支出，***OP***：老年人口，***TP***：総人口，***G***：政府支出，***g***：政府支出の***GDP***に占める割合，***BOT***：貿易差額（＝輸出－輸入），

D：ダミー変数（この変数後に記載された数値は，使用したダミー変数の別を示す番号），t：年次，添え字0（ゼロ）が右方下にある小文字の記号（たとえばv_0等）：定数，1・2等の実数の添え字が右方下にある小文字の記号（たとえばv_1等）：係数，である）。

$$Y_t = Y_{t-5} + \frac{I_{t-5}}{\nu_{t-5}} \qquad \text{(M − 1)}$$

$$\ln\nu_t = \nu_0 + \nu_1 \left(\frac{1}{\ln\left(\frac{WP_t}{I_t}\right)} \right) - \nu_2 \cdot D1 + \nu_3 \cdot D2 \qquad \text{(M − 2)}$$

$$C_t = c_0 + c_1 \cdot Y_t + c_2 \left(\frac{OP_t}{TP_t} \cdot 100 \right) \qquad \text{(M − 3)}$$

$$G_t = g_t \cdot Y_t \qquad \text{(M − 4)}$$

$$I_t = Y_t - C_t - G_t - BOT_t \qquad \text{(M − 5)}$$

国内総生産*Y*：今期（t期）の国内総生産Yの額は，M－1式とM－2式が示しているように，投資I（換言するなら，資本ストックの増加）と，投資が増産に結びつく度合を示す資本係数vによって決まる。なお，本モデルでは，M－2式が示しているように，vの値は投資額Iと生産年齢人口WPの影響によって変動する，と仮定している。

消費*C*：消費関数に関しては，ケインズ型消費関数，相対所得仮説，恒常所得仮説，ライフサイクル仮説等の様々な考え方がある。しかし，本簡易計量経済モデルでは，少子高齢化の進展するわが国の状況を考慮に入れるため，ライフサイクル仮説の考え方を取り入れた。M－3式において，民間消費支出Cを国民所得（国内総生産Y）と総人口TPに占める老年人口OPの比率（OP/TP）の関数としたのは，このためである。

政府支出*G*：政府の支出額Gは，政府の自由裁量によって決定される。それゆえ，政府支出は外生変数として扱われることが多い。この点を考慮して，本モデルにおいては，政府支出をM－4式のように定式化（政府支出の国内総生産に占める割合gと国内総生産Yとを乗ずることによって，政府支出を求めることと）した。このgの値は，1955年の22%から1970年の10%へ低下した後は，9～10%の近傍で安定的に推している。

貿易差額*BOT*：計量経済モデルの構築に際して，外国貿易（輸出Xと輸入M）は扱いにくい事項である。なぜなら，①輸出額は貿易相手国の経済状況に大きく左右されるために内生化することが難しいばかりでなく，②輸出と輸入のそれぞれの定式化に成功したとしても，両関数（輸出関数と輸入関数）の誤差の影響によって，貿易差額（＝輸出－輸入）の変動を捉えきれない場合がある，といった難点が存在するからである。そこで，本簡易計量経済モデルにおいては，輸出と輸入を貿易差額BOT_t（$= X_t - M_t$）として一括し，これを先の政府支出に影響を及ぼすｇのように外生変数として扱うこととした。

投資額*I*：最後は投資であるが，経済学の標準的な教科書にも記載されているように，国内総生産は，$Y_t = C_t + G_t + I_t +$（$X_t - M_t$）と定義される。このうちのYは既に生産関数によって決定されている（Ｍ－１式，Ｍ－２式)。そして，この値が決定されると，民間消費支出C（Ｍ－２式），政府支出G（Ｍ－３式）が決定される。それゆえ，外生変数である貿易差額BOTの値が与えられると，Ｍ－５式が示しているように，これらの値をＹの値から差し引くことによって，投資額Iを求めることができる。この投資が，次期（t期）の生産に影響を及ぼすことになるのである。

以上の議論からわかるように，本簡易計量経済モデルの内容は先の図５－１と同じである。すなわち，生産から消費を差し引いたものが貯蓄であり，貯蓄額に等しい投資が行なわれることにより，経済の成長と発展が生ずることになるのである。

なお，上記のＭ－１式とＭ－２式を下記の２つの式と入れ替えるなら，本モデルがスーツ型生産関数を用いた簡易計量経済モデルとなることは，いうまでもない。

$$Y_t = Y_{t-5}\exp(\ln GR_{t-5}) \qquad \text{（Ｍ－１－２）}$$

$$\ln GR_t = \nu_0 + \nu_1\left(\frac{1}{\ln\left(\frac{WP_t}{I_t}\right)}\right) - \nu_2 \cdot D3 + \nu_3 \cdot D4 \qquad \text{（Ｍ－２－２）}$$

（４）具体的モデルの作成方法

ExcelのSheet１（シート１）のセルA1からセルJ48にかけて，モデルの作成に用いる経済および人口に関するデータ（95ページの表５－１を参照）を入力する。

（ｉ）Ｍ－２式の計算

まず，最初に，

① Sheet１に入力した統計データの中の年次，生産年齢人口，投資，国内総生産に関するデータを，96ページの表５－２の要領で，Sheet２のセルA1からD47の範囲にコピーする。

② セルE2に，５年間の国内総生産の増加分ΔＹを計算するための式「＝D7－D2」を記入し，【Enter】キーを押す。すると，セルD2のなかに数値「24.6」が現れる。

③ セルD2をクリックし，同セルの右下角にポインターを合わせる。すると，ポインターの色が白（✛）から黒（✚）に変わる。このとき，セルE42までいっきにドラッグする。すると，各セルのなかに，それぞれの計算結果が表れる。

④　上記の５－７式を変形した式 $v_{t-5}=I_{t-5}/\Delta Y_{t-5}$ を用いて，資本係数 v の自然対数値 ln(v)を求めるために，セル F2のなかに計算式「=ln(C2/E2)」を記入し，【Enter】キーを押す。すると，セル F2のなかに数値「－1.32」が現れる。

⑤　セル F2をクリックし，同セルの右下角にポインターを合わせる。すると，ポインターの色が白（✙）から黒（✚）に変わる。このとき，セル F42までいっきにドラッグする。すると，各セルのなかに，それぞれの計算結果が表れる。

⑥　資本係数 v に影響を及ぼす変数 1/ln(W_t/I_t) の値を求めるために，セル G2のなかに計算式「=1/ln(B2/C2)」を記入し，【Enter】キーを押す。すると，セル F2のなかに数値「0.111」が現れる。

⑦　セル G2をクリックし，同セルの右下角にポインターを合わせる。すると，ポインターの色が白（✙）から黒（✚）に変わる。このとき，セル G42までいっきにドラッグする。すると，各セルのなかに，それぞれの計算結果が表れる。

⑧　資本係数 v の変動をうまく表わすためのダミー変数（D1と D2）を，96ページの表５－２の要領で，セル H2からセル I42に入力する（ちなみに，ダミー変数とは，数値０と１と用いることによって，さまざまな変動を処理するための手法である。その詳細に関しては，本書巻末に記載された計量経済学に関する文献を参照されたい）。

以上の準備を行ったうえで，回帰分析を行うための分析ツールを呼び出す（この呼び出し方法は Excel のバージョンによって異なるため，Excel の解説書を参照されたい）。そして，下図の要領で，【入力Ｙ範囲】には被説明変数である ln(v)のデータが入っているセル F2～F42を指定し，【入力範囲Ｘ】には説明変数である1/ln(W/I) とダミー変数Ｄが入っているセル G2セル～セル I42を指定し，【OK】キーをクリックする。

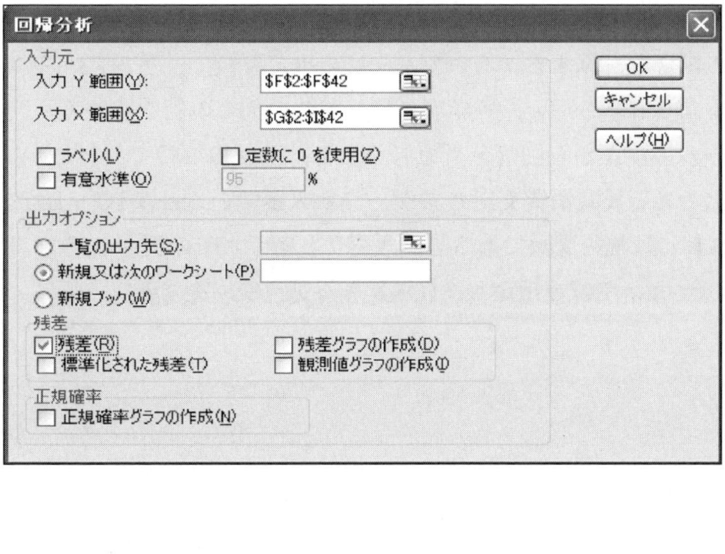

すると，次のような回帰分析の結果を得ることができる。なお DW 比の計算法は，第3章を参照されたい。

回帰統計	
重相関 R	0.977178
重決定 R^2	0.954876
補正 R^2	0.951217
標準誤差	0.20097
観測数	41

	係　数	標準誤差	t
切　片	−8.1674	0.358669	−22.7714
X 値 1	59.13319	2.674065	22.11359
X 値 2	−0.3379	0.077645	−4.35186
X 値 3	0.277966	0.086433	3.21599

$$\ln\nu_t = -8.167 + 59.133\left(\frac{1}{\ln\left(\frac{WP_t}{I_t}\right)}\right) - 0.338 \cdot D1 + 0.278 \cdot D2$$

(−22.771)(22.114)　　　(−4.352)　(3.216)

$R^2 = 0.955$　　$DW = 0.564$

(ii) 消費関数の算定

次に，消費関数の算定方法について解説する。

① まず，Sheet 1 のデータのなかから，年次，民間消費支出，老年人口，総人口，国内総生産に関するデータを，97ページに示す表5－3の要領で，新たな Sheet 3 にコピーする。

② セル F2に老年人口の総人口に占める割合を求める計算式「= C2/D2＊100」を入力し，この割合を計算する。次いで，先にのべた要領で，セル F3〜セル F47の範囲についても同じ計算を行い，各年次に関してこの割合の値を求める。

③ 分析ツールのなかから回帰分析を呼び出し，下図の要領で，【入力 Y 範囲】には被説明変数である民間消費支出 C のデータが入っているセル B2〜 B47を指定し，【入力範囲 X】には説明変数である国民所得 Y と老年人口の割合 OP/TP が入っているセル E2セル〜セル F47を指定し，【OK】キーをクリックする。

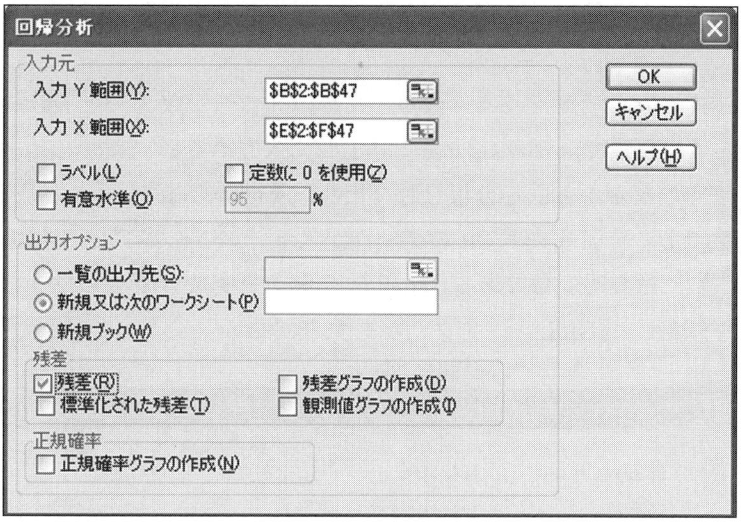

回帰統計	
重相関 R	0.999699
重決定 R^2	0.999399
補正 R^2	0.999371
標準誤差	2.143301
観測数	46

	係　数	標準誤差	t
切　片	2.932446	1.286199	2.279932
X 値 1	0.559155	0.007666	72.94432
X 値 2	0.655067	0.326979	2.003388

$$C_t = 2.932 + 0.559 \cdot Y_t + 0.655 \cdot \left(\frac{OP_t}{TP_t} \cdot 100 \right)$$

(2.280)(72.944)　(2.003)

$R^2 = 0.999$　　$DW = 0.867$

(iii) 経済成長率 GR の関数

スーツ型生産関数の成果の成否を決定するのは，*GR* を規定する関数である。この関数は，次の手順を踏むことによって求めることができる。

① まず，Sheet 1 のデータのなかから，年次，生産年齢人口，投資，国内総生産に関するデータを，98ページに示す表５－４の要領で，新たな Sheet 4 にコピーする。

② 次に，経済成長 *GR* を考察するための計算式「＝ ln(D7/D2)」をセル E2に入力して，答えを得る。ついで，セル E3～セル E42に関しても，先に91ページで述べた要領で計算を行うことにより，各年次に関する *GR* の値を求める。

③ 経済成長率 *GR* に影響を及ぼす変数 1/ln(*W*/*I*) を求める計算式「＝1/ln(B2/C2)」をセル F2に入力して，答えを得る。ついで，セル F3～セル F42に関しても，先に91

ページで述べた要領で計算を行うことにより，各年次に関する 1/ln(*W/I*) の値を求める。

④ 経済成長率 *GR* の変動をうまく表わすためのダミー変数（D3と D4）を，98ページの表5－4の要領で，セル G2からセル H42に入力する。

⑤ 分析ツールのなかから回帰分析を呼び出し，下図の要領で，【入力 Y 範囲】には被説明変数である経済成長率 GR のデータが入っているセル E2～ E42を指定し，【入力範囲 X】には説明変数である1/ln(W/I) とダミー変数 D が入っているセル F2～セル H42を指定し，【OK】キーをクリックする。

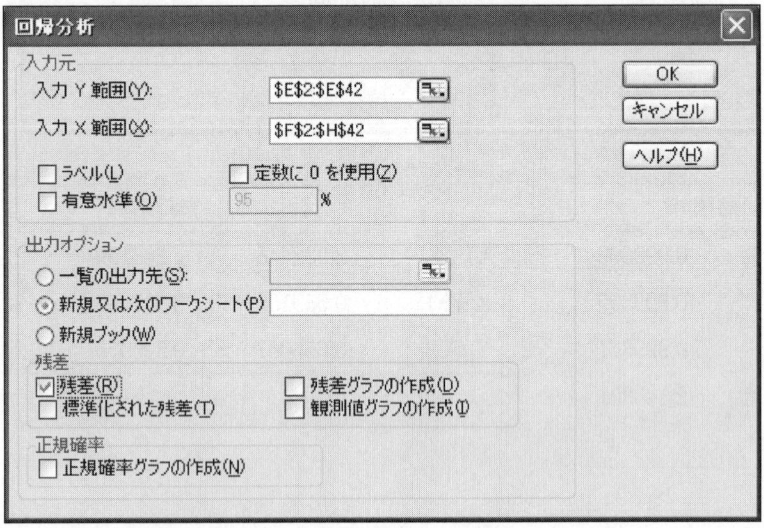

すると，下記の GR の関数に関する分析結果が得られる。

回帰統計	
重相関 R	0.980413
重決定 R^2	0.961209
補正 R^2	0.958064
標準誤差	0.031295
観測数	41

	係　数	標準誤差	t
切　片	1.670248	0.052174	32.01275
X 値 1	−10.0929	0.366663	−27.5262
X 値 2	−0.03979	0.012566	−3.16638
X 値 3	0.074696	0.013819	5.405202

$$\ln GR_t = 1.670 - 10.093\left(\frac{1}{\ln\left(\frac{WP_t}{I_t}\right)}\right) - 0.040 \cdot D3 + 0.075 \cdot D4$$

(32.013)(−27.526)　　　(−3.166)　(5.405)

$R^2 = 0.961$　　$DW = 0.680$

表5－1　モデルの作成に用いたデータ

	A	B	C	D	E	F	G	H	I	J
1	年	経済データ (単位:兆円)					人口データ (単位:1000人)			
2		C	I	G	X-M	Y	0-14	15-64	65+	TP
3	1955	30.7	6.6	10.1	-0.3	47.1	29,798	54,730	4,747	89,275
4	1956	33.4	7.6	10.1	-0.6	50.5	29,414	56,002	4,843	90,259
5	1957	36.1	9.2	10.1	-0.9	54.5	28,909	57,241	4,938	91,088
6	1958	38.4	9.4	10.6	-0.4	58.0	28,513	58,433	5,065	92,011
7	1959	41.6	11.1	11.4	-0.7	63.4	28,109	59,656	5,209	92,974
8	1960	46.2	14.7	11.9	-1.1	71.7	28,067	60,002	5,350	93,419
9	1961	51.0	18.6	12.5	-1.9	80.2	28,067	60,715	5,503	94,285
10	1962	54.9	20.2	13.4	-1.4	87.1	27,274	62,261	5,642	95,177
11	1963	59.7	22.6	14.4	-2.1	94.6	26,416	63,903	5,836	96,155
12	1964	66.2	26.4	14.9	-2.1	105.4	25,590	65,580	6,016	97,186
13	1965	70.0	27.5	15.3	-1.5	111.3	25,166	66,928	6,181	98,275
14	1966	77.0	31.1	16.0	-1.4	122.7	24,521	68,112	6,420	99,053
15	1967	85.0	37.4	16.6	-2.7	136.3	24,416	69,161	6,666	100,243
16	1968	92.2	45.2	17.4	-2.3	152.5	24,422	70,086	6,899	101,407
17	1969	101.8	52.9	18.1	-2.0	170.8	24,601	70,938	7,109	102,648
18	1970	109.3	63.0	18.9	-2.9	188.3	24,823	71,566	7,331	103,720
19	1971	115.3	63.6	19.8	-2.1	196.6	25,169	72,321	7,524	105,014
20	1972	125.6	69.9	20.8	-3.2	213.1	25,970	73,483	7,879	107,332
21	1973	136.7	78.1	22.0	-6.6	230.2	26,447	74,104	8,160	108,711
22	1974	136.6	73.1	21.9	-4.1	227.5	26,850	74,742	8,457	110,049
23	1975	142.6	69.3	24.6	-2.1	234.4	27,232	75,839	8,869	111,940
24	1976	146.8	71.9	25.7	-0.5	243.9	27,492	76,395	9,201	113,088
25	1977	152.7	74.0	26.7	1.0	254.4	27,649	76,944	9,561	114,154
26	1978	160.7	79.6	28.1	-0.5	267.9	27,708	77,545	9,921	115,174
27	1979	171.1	84.7	29.3	-2.5	282.6	27,664	78,161	10,309	116,134
28	1980	172.9	83.9	30.2	3.5	290.5	27,524	78,884	10,653	117,061
29	1981	175.5	85.8	31.6	6.9	299.8	27,603	79,272	11,009	117,884
30	1982	183.1	85.6	32.5	7.8	309.0	27,254	80,089	11,350	118,693
31	1983	189.2	83.6	33.3	10.0	316.1	26,907	80,904	11,672	119,483
32	1984	194.2	87.8	34.1	12.4	328.5	26,504	81,776	11,956	120,236
33	1985	200.6	93.3	34.2	14.8	342.9	26,042	82,535	12,472	121,049
34	1986	207.7	97.2	36.0	12.1	353.0	25,434	83,368	12,870	121,672
35	1987	216.4	105.2	36.5	9.5	367.6	24,753	84,189	13,322	122,264
36	1988	227.9	119.2	37.4	5.9	390.4	23,985	85,013	13,785	122,783
37	1989	238.7	129.1	38.1	3.2	409.1	23,201	85,745	14,309	123,255
38	1990	249.1	139.1	38.7	3.0	429.9	22,544	86,140	14,928	123,612
39	1991	255.4	144.7	39.5	6.8	446.4	21,904	86,557	15,582	124,043
40	1992	260.7	140.5	40.2	9.5	450.9	21,364	86,845	16,242	124,451
41	1993	263.7	137.1	41.2	10.3	452.3	20,841	87,023	16,900	124,764
42	1994	268.8	135.3	42.2	9.0	455.3	20,415	87,034	17,585	125,034
43	1995	274.4	138.5	43.5	5.5	461.9	20,033	87,260	18,277	125,570
44	1996	282.4	155.5	44.4	3.0	485.3	19,686	87,161	19,017	125,864
45	1997	283.7	154.6	45.0	9.7	493.0	19,366	87,042	19,758	126,166
46	1998	282.2	140.4	45.7	12.3	480.6	19,059	86,920	20,508	126,487
47	1999	285.5	139.0	46.3	10.8	481.6	18,742	86,758	21,186	126,686
48	2000	287.9	139.0	46.4	12.7	486.0	18,505	86,380	22,041	126,926

出所：国民経済計算（http://cao.go.jp/），我が国の推計人口
　　—大正9年～平成12年—（http://www.stat.go.jp/）

表５－２　資本係数ｖおよびHD-２式の計算

	A	B	C	D	E	F	G	H	I
1	年	15-64	I	Y	ΔY	ln(v)	1/ln(W/I)	D1	D2
2	1955	54,730	6.6	47.1	24.6	−1.32	0.111	0	0
3	1956	56,002	7.6	50.5	29.7	−1.36	0.112	0	0
4	1957	57,241	9.2	54.5	32.6	−1.27	0.114	0	0
5	1958	58,433	9.4	58.0	36.6	−1.36	0.114	0	0
6	1959	59,656	11.1	63.4	42.0	−1.33	0.116	1	0
7	1960	60,002	14.7	71.7	39.6	−0.99	0.120	0	0
8	1961	60,715	18.6	80.2	42.5	−0.83	0.124	0	0
9	1962	62,261	20.2	87.1	49.2	−0.89	0.124	0	0
10	1963	63,903	22.6	94.6	57.9	−0.94	0.126	0	0
11	1964	65,580	26.4	105.4	65.4	−0.91	0.128	1	0
12	1965	66,928	27.5	111.3	77.0	−1.03	0.128	1	0
13	1966	68,112	31.1	122.7	73.9	−0.87	0.130	1	0
14	1967	69,161	37.4	136.3	76.8	−0.72	0.133	1	0
15	1968	70,086	45.2	152.5	77.7	−0.54	0.136	0	0
16	1969	70,938	52.9	170.8	56.7	−0.07	0.139	0	1
17	1970	71,566	63.0	188.3	46.1	0.31	0.142	0	1
18	1971	72,321	63.6	196.6	47.3	0.30	0.142	0	1
19	1972	73,483	69.9	213.1	41.3	0.53	0.144	0	1
20	1973	74,104	78.1	230.2	37.7	0.73	0.146	0	1
21	1974	74,742	73.1	227.5	55.1	0.28	0.144	0	0
22	1975	75,839	69.3	234.4	56.1	0.21	0.143	0	0
23	1976	76,395	71.9	243.9	55.9	0.25	0.144	0	0
24	1977	76,944	74.0	254.4	54.6	0.30	0.144	0	0
25	1978	77,545	79.6	267.9	48.2	0.50	0.145	0	1
26	1979	78,161	84.7	282.6	45.9	0.61	0.146	0	1
27	1980	78,884	83.9	290.5	52.4	0.47	0.146	0	0
28	1981	79,272	85.8	299.8	53.2	0.48	0.146	0	0
29	1982	80,089	85.6	309.0	58.6	0.38	0.146	1	0
30	1983	80,904	83.6	316.1	74.3	0.12	0.145	1	0
31	1984	81,776	87.8	328.5	80.6	0.09	0.146	1	0
32	1985	82,535	93.3	342.9	87.0	0.07	0.147	1	0
33	1986	83,368	97.2	353.0	93.4	0.04	0.148	1	0
34	1987	84,189	105.2	367.6	83.3	0.23	0.150	1	0
35	1988	85,013	119.2	390.4	61.9	0.66	0.152	1	0
36	1989	85,745	129.1	409.1	46.2	1.03	0.154	0	0
37	1990	86,140	139.1	429.9	32.0	1.47	0.156	0	1
38	1991	86,557	144.7	446.4	38.9	1.31	0.156	0	1
39	1992	86,845	140.5	450.9	42.1	1.21	0.156	0	0
40	1993	87,023	137.1	452.3	28.3	1.58	0.155	0	1
41	1994	87,034	135.3	455.3	26.3	1.64	0.155	0	1
42	1995	87,260	138.5	461.9	24.1	1.75	0.155	0	1
43	1996	87,161	155.5	485.3					
44	1997	87,042	154.6	493.0					
45	1998	86,920	140.4	480.6					
46	1999	86,758	139.0	481.6					
47	2000	86,380	139.0	486.0					

表5－3　消費関数の計算

	A	B	C	D	E	F
1	年	C	65+	TP	Y	(C/TP)*100
2	1955	30.7	4,747	89,275	47.1	5.3
3	1956	33.4	4,843	90,259	50.5	5.4
4	1957	36.1	4,938	91,088	54.5	5.4
5	1958	38.4	5,065	92,011	58.0	5.5
6	1959	41.6	5,209	92,974	63.4	5.6
7	1960	46.2	5,350	93,419	71.7	5.7
8	1961	51.0	5,503	94,285	80.2	5.8
9	1962	54.9	5,642	95,177	87.1	5.9
10	1963	59.7	5,836	96,155	94.6	6.1
11	1964	66.2	6,016	97,186	105.4	6.2
12	1965	70.0	6,181	98,275	111.3	6.3
13	1966	77.0	6,420	99,053	122.7	6.5
14	1967	85.0	6,666	100,243	136.3	6.6
15	1968	92.2	6,899	101,407	152.5	6.8
16	1969	101.8	7,109	102,648	170.8	6.9
17	1970	109.3	7,331	103,720	188.3	7.1
18	1971	115.3	7,524	105,014	196.6	7.2
19	1972	125.6	7,879	107,332	213.1	7.3
20	1973	136.7	8,160	108,711	230.2	7.5
21	1974	136.6	8,457	110,049	227.5	7.7
22	1975	142.6	8,869	111,940	234.4	7.9
23	1976	146.8	9,201	113,088	243.9	8.1
24	1977	152.7	9,561	114,154	254.4	8.4
25	1978	160.7	9,921	115,174	267.9	8.6
26	1979	171.1	10,309	116,134	282.6	8.9
27	1980	172.9	10,653	117,061	290.5	9.1
28	1981	175.5	11,009	117,884	299.8	9.3
29	1982	183.1	11,350	118,693	309.0	9.6
30	1983	189.2	11,672	119,483	316.1	9.8
31	1984	194.2	11,956	120,236	328.5	9.9
32	1985	200.6	12,472	121,049	342.9	10.3
33	1986	207.7	12,870	121,672	353.0	10.6
34	1987	216.4	13,322	122,264	367.6	10.9
35	1988	227.9	13,785	122,783	390.4	11.2
36	1989	238.7	14,309	123,255	409.1	11.6
37	1990	249.1	14,928	123,612	429.9	12.1
38	1991	255.4	15,582	124,043	446.4	12.6
39	1992	260.7	16,242	124,451	450.9	13.1
40	1993	263.7	16,900	124,764	452.3	13.5
41	1994	268.8	17,585	125,034	455.3	14.1
42	1995	274.4	18,277	125,570	461.9	14.6
43	1996	282.4	19,017	125,864	485.3	15.1
44	1997	283.7	19,758	126,166	493.0	15.7
45	1998	282.2	20,508	126,487	480.6	16.2
46	1999	285.5	21,186	126,686	481.6	16.7
47	2000	287.9	22,041	126,926	486.0	17.4

表5－4　GRに関する関数の計算

	A	B	C	D	E	F	G	H
1	年	15-64	I	Y	ln(GR)	1/(ln(W/I)	D3	D4
2	1955	54,730	6.6	47.1	0.42	0.1108	1	0
3	1956	56,002	7.6	50.5	0.46	0.1123	1	0
4	1957	57,241	9.2	54.5	0.47	0.1145	1	0
5	1958	58,433	9.4	58.0	0.49	0.1145	1	0
6	1959	59,656	11.1	63.4	0.51	0.1164	0	0
7	1960	60,002	14.7	71.7	0.44	0.1203	0	0
8	1961	60,715	18.6	80.2	0.43	0.1236	0	0
9	1962	62,261	20.2	87.1	0.45	0.1245	0	1
10	1963	63,903	22.6	94.6	0.48	0.1258	0	1
11	1964	65,580	26.4	105.4	0.48	0.1279	0	1
12	1965	66,928	27.5	111.3	0.53	0.1283	0	1
13	1966	68,112	31.1	122.7	0.47	0.1300	0	1
14	1967	69,161	37.4	136.3	0.45	0.1329	0	1
15	1968	70,086	45.2	152.5	0.41	0.1361	0	1
16	1969	70,938	52.9	170.8	0.29	0.1389	0	0
17	1970	71,566	63.0	188.3	0.22	0.1421	1	0
18	1971	72,321	63.6	196.6	0.22	0.1421	1	0
19	1972	73,483	69.9	213.1	0.18	0.1437	1	0
20	1973	74,104	78.1	230.2	0.15	0.1459	1	0
21	1974	74,742	73.1	227.5	0.22	0.1443	0	0
22	1975	75,839	69.3	234.4	0.21	0.1429	1	0
23	1976	76,395	71.9	243.9	0.21	0.1435	1	0
24	1977	76,944	74.0	254.4	0.19	0.1440	1	0
25	1978	77,545	79.6	267.9	0.17	0.1453	1	0
26	1979	78,161	84.7	282.6	0.15	0.1465	1	0
27	1980	78,884	83.9	290.5	0.17	0.1461	1	0
28	1981	79,272	85.8	299.8	0.16	0.1464	1	0
29	1982	80,089	85.6	309.0	0.17	0.1462	1	0
30	1983	80,904	83.6	316.1	0.21	0.1455	0	0
31	1984	81,776	87.8	328.5	0.22	0.1463	0	1
32	1985	82,535	93.3	342.9	0.23	0.1474	0	1
33	1986	83,368	97.2	353.0	0.23	0.1481	0	1
34	1987	84,189	105.2	367.6	0.20	0.1496	0	1
35	1988	85,013	119.2	390.4	0.15	0.1522	0	1
36	1989	85,745	129.1	409.1	0.11	0.1539	0	0
37	1990	86,140	139.1	429.9	0.07	0.1556	1	0
38	1991	86,557	144.7	446.4	0.08	0.1564	0	0
39	1992	86,845	140.5	450.9	0.09	0.1556	0	0
40	1993	87,023	137.1	452.3	0.06	0.1550	1	0
41	1994	87,034	135.3	455.3	0.06	0.1546	1	0
42	1995	87,260	138.5	461.9	0.05	0.1551	1	0
43	1996	87,161	155.5	485.3				
44	1997	87,042	154.6	493.0				
45	1998	86,920	140.4	480.6				
46	1999	86,758	139.0	481.6				
47	2000	86,380	139.0	486.0				

（iv）簡易経済計量モデル

以上の分析結果を方程式の形にまとめると，下記のハロッド＝ドーマー生産関数を用いた簡易計量経済モデルになる。

$$Y_t = Y_{t-5} + \frac{I_{t-5}}{\nu_{t-5}} \qquad \text{(HD − 1)}$$

$$\ln\nu_t = -8.167 + 59.133\left(\frac{1}{\ln\left(\frac{WP_t}{I_t}\right)}\right) - 0.338 \cdot D1 + 0.278 \cdot D2$$

$$(-22.771)(22.114) \qquad (-4.352) \quad (3.216) \qquad \text{(HD − 2)}$$

$$R^2 = 0.955 \qquad DW = 0.564$$

$$C_t = 2.932 + 0.559 \cdot Y_t + 0.655\left(\frac{OP_t}{TP_t} \cdot 100\right) \qquad \text{(HD − 3)}$$

$$G_t = g_t \cdot Y_t \qquad \text{(HD − 4)}$$

$$I_t = Y_t - C_t - G_t - BOT_t \qquad \text{(HD − 5)}$$

また，既述のように，上記の簡易モデルの HD − 1 式と HD − 2 式を，次の S − 1 式と S − 2 式に置き換えると，スーツ型生産関数を用いた簡易計量経済モデルとなる。

$$Y_t = Y_{t-5}\exp(\ln GR_{t-5}) \qquad \text{(S − 1)}$$

$$\ln GR_t = 1.670 - 10.093\left(\frac{1}{\ln\left(\frac{WP_t}{I_t}\right)}\right) - 0.040 \cdot D3 + 0.075 \cdot D4$$

$$(32.013)(-27.526) \qquad (-3.166) \qquad (5.405) \qquad \text{(S − 2)}$$

$$R^2 = 0.961 \qquad DW = 0.680$$

また，次の図5 − 4が示しているのは，上記簡易経済モデルの主要経路を図示したものである。この図からわかるように，生産関数によって Y の値が決まると，これによって C，G の値が決まり，最終的に I の値が決定すると，I と v の値が次期の Y を決定する，といった具合に，各変数の値は次々と決まる。このことから，本簡易計量経済モデルが供給志向型の逐次モデル，と称される理由がわかるであろう。

図5－4　簡易計量経済モデルの概要

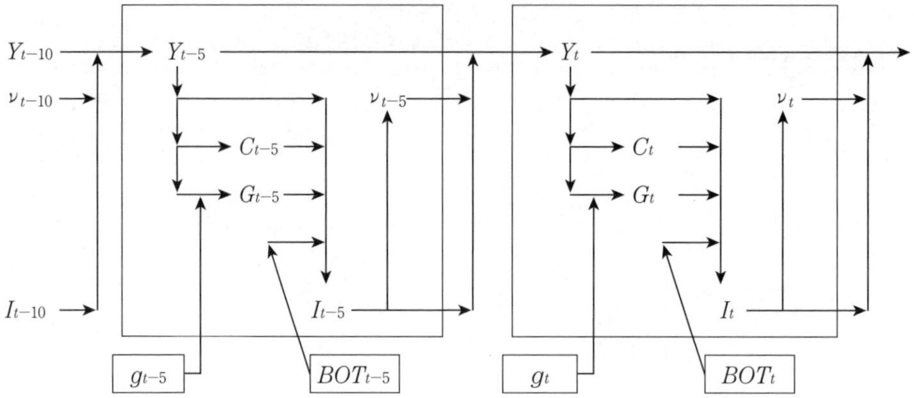

6．モデルの信頼性

さて，本書で構築した簡易計量経済モデルは，ハロッド＝ドーマー生産関数を用いたモデルとスーツ型生産関数を用いモデルのいずれも，わずか5本の方程式からなる簡素なモデルである。しかしながら，本モデルはかなりの信頼性を有している，ということができる。最後に，このモデルの信頼性に関する点を，実際に確認しておこう。

(ⅰ) ハロッド＝ドーマー生産関数を用いたモデル

① 先の表5－1および表5－2に入力した統計データを基に，下記の表を新たなSheet 5に作成する。これは，本モデルの信頼性を確認するために行う推計のための，初期値，外生変数，ダミー変数を一括して表したものである。なお，この表のなかのgの値は，すでに述べたg_t=G_t/Y_tの計算式に基づいて，別途計算しておいたものである。

	A	B	C	D	E	F	G	H	I	J	K	L
1			ハロッド=ドーマー型モデル									
2	年		1955	1960	1965	1970	1975	1980	1985	1990	1995	2000
3	現実値	Y	47.1	71.7	111.3	188.3	234.4	290.5	342.9	429.9	461.9	486
4	推計値	Ye	47.1									
5		Ce										
6		Ge										
7		Ie										
8		v										
9	外生変数	g	0.214	0.166	0.137	0.1	0.105	0.104	0.1	0.09	0.094	0.095
10		X-M	-0.3	-1.1	-1.5	-2.9	-2.1	3.5	14.8	3	5.5	12.7
11	ダミー変数	D1	0	0	1	0	0	0	1	0	0	0
12		D2	0	0	0	1	0	0	0	1	1	0
13	年齢別人口	15-64	54730	60002	66928	71566	75839	78884	82535	86140	87260	86380
14		65+	4747	5350	6181	7331	8869	10653	12472	14928	18277	22041
15		TP	89275	93419	98275	103720	111940	117061	121049	123612	125570	126926
16	年		1955	1960	1965	1970	1975	1980	1985	1990	1995	2000

② セルC5に消費関数の計算式「=2.932+0.559＊ C4+0.665＊ ((C14/C15) ＊100」，セルC6に政府支出の計算式「=C9＊ C4」，セルC7に投資の計算式「=C4－ C5－ C6－ C10」，セルC8に資本係数の計算式「＝exp(－8.167+59.133＊ (1／ln(C13／C7))－0.338＊ C11＋0.278＊ C12) を入力する。すると，各セルのなかに，それぞれ「32.74」，「10.08」，「4.58」，「0.15」の値が現れる。

③ セルD4に国内総生産の計算式「=C4＋ C7/C8」を入力する。すると，同セルのなかに国内総生産の推計値「76.77」の値が現れる。

④ 後はこれらの計算式を用いて，空欄となっている各セルの値を求めると，次の表に示されている各年次の推計結果を得ることができる。

	A	B	C	D	E	F	G	H	I	J	K	L
1			ハロッド=ドーマー型モデル									
2	年		1955	1960	1965	1970	1975	1980	1985	1990	1995	2000
3	現実値	Y	47.1	71.7	111.3	188.3	234.4	290.5	342.9	429.9	461.9	486
4	推計値	Ye	47.1	76.77	119.30	188.48	226.46	278.56	331.37	408.09	446.78	485.27
5		Ce	32.74	49.60	73.74	112.92	134.72	164.61	194.91	238.96	262.22	285.57
6		Ge	10.08	12.74	16.34	18.85	23.78	28.97	33.14	36.73	42.00	46.10
7		Ie	4.58	15.53	30.71	59.61	70.07	81.48	88.52	129.40	137.07	140.90
8		v	0.15	0.37	0.44	1.57	1.35	1.54	1.15	3.34	3.56	2.85
9	外生変数	g	0.214	0.166	0.137	0.100	0.105	0.104	0.100	0.090	0.094	0.095
10		X-M	−0.3	−1.1	−1.5	−2.9	−2.1	3.5	14.8	3.0	5.5	12.7
11	ダミー変数	D1	0	0	1	0	0	0	1	0	0	0
12		D2	0	0	0	1	0	0	0	1	1	0
13	年齢別人口	15-64	54730	60002	66928	71566	75839	78884	82535	86140	87260	86380
14		65+	4747	5350	6181	7331	8869	10653	12472	14928	18277	22041
15		TP	89275	93419	98275	103720	111940	117061	121049	123612	125570	126926
16	年		1955	1960	1965	1970	1975	1980	1985	1990	1995	2000

さて，次ページの図が示しているのは，この表に示された国内総生産の現実値Yとモデルから得た推計値Yeとを比較したものである。この図から，本モデルの推計値は，現実の推移を巧く捉えていることがわかる。本モデルの追跡能力は大きい，といえる。

図5－5　ハロッド＝ドーマー型モデルによる推計値と現実値

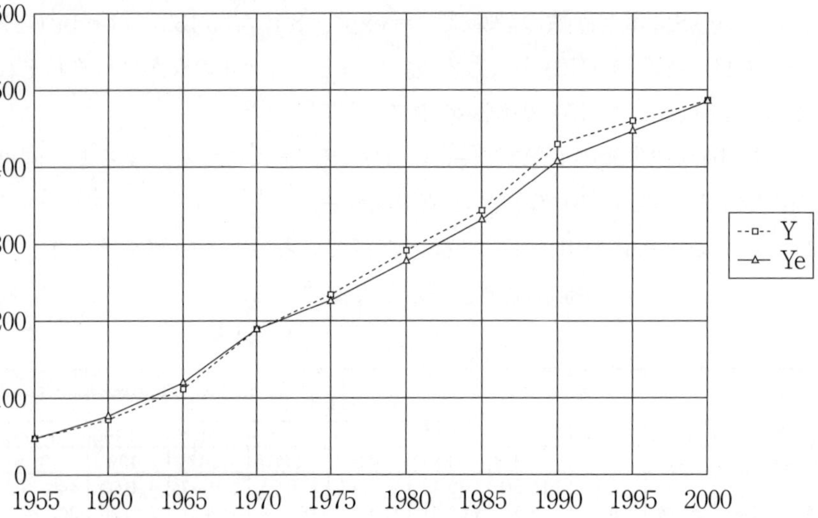

（ii）スーツ型生産関数を用いたモデル

次の一連の表と図は，スーツ型生産関数を用いた簡易計量経済モデルによる推計を行う際の初期値，推計結果，そして推計結果と現実値の比較を参考までに示したものである。ハロッド＝ドーマー生産関数を用いたモデルの作業手順にしたがってこのモデルを操作すれば，下記の表と図が示す結果が得られる。この分析結果が示すように，スーツ型のモデルの信頼性も，先のモデルと同じく高いことがわかる。試してみられたい。

	A	B	C	D	E	F	G	H	I	J	K	L
1			スーツ型モデル									
2	年		1955	1960	1965	1970	1975	1980	1985	1990	1995	2000
3	現実値	Y	47.1	71.7	111.3	188.3	234.4	290.5	342.9	429.9	461.9	486
4		Ye	47.1									
5	推	Ce										
6	計	Ge										
7	値	Ie										
8		gr										
9	外生	g	0.214	0.166	0.137	0.100	0.105	0.104	0.100	0.090	0.094	0.095
10	変数	X−M	−0.3	−1.1	−1.5	−2.9	−2.1	3.5	14.8	3.0	5.5	12.7
11	ダミー	D3	1	0	0	1	1	1	0	1	1	0
12	変数	D4	0	0	1	0	0	0	1	0	0	0
13	年齢別	15-64	54730	60002	66928	71566	75839	78884	82535	86140	87260	86380
14	人口	65+	4747	5350	6181	7331	8869	10653	12472	14928	18277	22041
15		TP	89275	93419	98275	103720	111940	117061	121049	123612	125570	126926
16	年		1955	1960	1965	1970	1975	1980	1985	1990	1995	2000

	A	B	C	D	E	F	G	H	I	J	K	L
1			スーツ型モデル									
2	年		1955	1960	1965	1970	1975	1980	1985	1990	1995	2000
3	現実値	Y	47.1	71.7	111.3	188.3	234.4	290.5	342.9	429.9	461.9	486
4	推計値	Ye	47.1	82.05	126.72	192.80	235.88	281.34	330.01	432.33	460.02	487.81
5		Ce	32.74	52.55	77.89	115.34	139.98	166.16	194.15	252.51	269.61	286.99
6		Ge	10.08	13.62	17.36	19.28	24.77	29.26	33.00	38.91	43.24	46.34
7		Ie	4.58	16.98	32.97	61.08	73.23	82.42	88.05	137.91	141.66	141.78
8		gr	1.74	1.54	1.52	1.22	1.19	1.17	1.31	1.06	1.06	1.10
9	外生変数	g	0.214	0.166	0.137	0.100	0.105	0.104	0.100	0.090	0.094	0.095
10		X−M	−0.3	−1.1	−1.5	−2.9	−2.1	3.5	14.8	3.0	5.5	12.7
11	ダミー変数	D3	1	0	0	1	1	1	0	1	1	0
12		D4	0	0	1	0	0	0	1	0	0	0
13	年齢別人口	15-64	54730	60002	66928	71566	75839	78884	82535	86140	87260	86380
14		65+	4747	5350	6181	7331	8869	10653	12472	14928	18277	22041
15		TP	89275	93419	98275	103720	111940	117061	121049	123612	125570	126926
16	年		1955	1960	1965	1970	1975	1980	1985	1990	1995	2000

図5－6　スーツ型モデルによる推計値と現実値

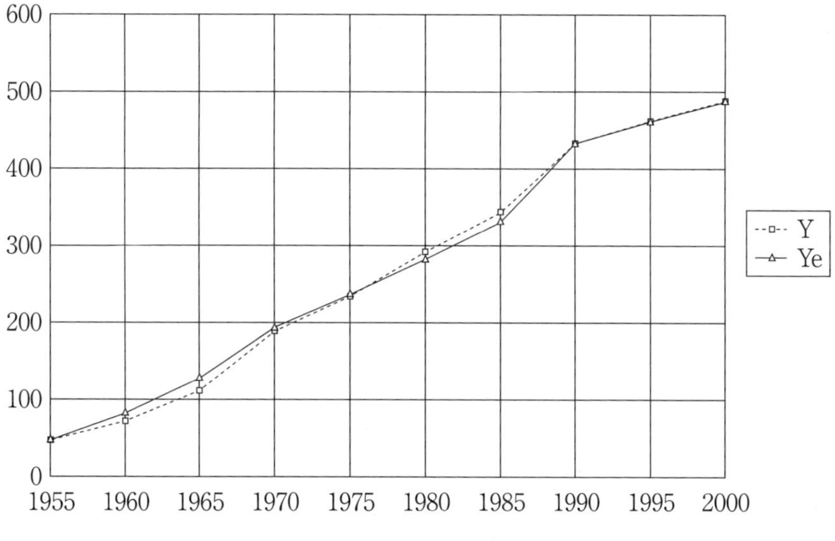

7．まとめ

本章におけるこれまでの議論から，経済と人口との相互関係について，一応のイメージができたことであろう。次章においては，本簡易計量経済モデルと簡易人口モデルを結びつけて，簡易人口経済計量モデルを構築する。

また，蛇足ながら，最後に，簡易計量経済モデルのVBAプログラムを掲載しておく。

簡易計量経済モデルの VBA プログラム

```
Sub econ_model()


Dim wp, op, tp
Dim y, c, g, w, bot, iv, v, d


t = 10:  dmy = 2


ReDim wp(t), op(t), tp(t)
ReDim y(t), c(t), g(t), w(t), bot(t), iv(t), v(t), d(dmy, t)


  y(1) = Sheets("sheet5").Cells(4, 3).Value


For i = 1 To t
  w(i) = Sheets("Sheet5").Cells(9, i + 2).Value
  bot(i) = Sheets("Sheet5").Cells(10, i + 2).Value
  d(1, i) = Sheets("Sheet5").Cells(11, i + 2).Value
  d(2, i) = Sheets("sheet5").Cells(12, i + 2).Value
  wp(i) = Sheets("Sheet5").Cells(13, i + 2).Value
  op(i) = Sheets("Sheet5").Cells(14, i + 2).Value
  tp(i) = Sheets("Sheet5").Cells(15, i + 2).Value
  Debug.Print w(i); bot(i); tp(i)
Next i



Rem 【初期値】


  c(1) = 2.932 + 0.559 * y(1) + 0.655 * ((op(1) / tp(1)) * 100)
  g(1) = w(1) * y(1)
  iv(1) = y(1) - c(1) - g(1) - bot(1)
  v(1) = Exp(-8.167 + 59.133 * (1 / Log(wp(1) / iv(1))) - 0.338 * d(1, 1) + 0.278 * d(2, 1))




Rem 【経済モデル】
```

```
For k = 2 To t
  y(k) = y(k - 1) + iv(k - 1) / v(k - 1)
  c(k) = 2.932 + 0.559 * y(k) + 0.655 * ((op(k) / tp(k)) * 100)
  g(k) = w(k) * y(k)
  iv(k) = y(k) - c(k) - g(k) - bot(k)
  v(k) = Exp(-8.167 + 59.133 * (1 / Log(wp(k) / iv(k))) - 0.338 * d(1, k) + 0.278 * d(2, k))
  Debug.Print y(k); c(k); g(k); iv(k); v(k)

For m = 1 To t
 Sheets("Sheet7").Cells(5, m + 1).Value = y(m)
 Sheets("Sheet7").Cells(6, m + 1).Value = c(m)
 Sheets("Sheet7").Cells(7, m + 1).Value = g(m)
 Sheets("Sheet7").Cells(8, m + 1).Value = iv(m)
 Sheets("Sheet7").Cells(9, m + 1).Value = v(m)
Next m

Next k

End Sub
```

第6章
簡易人口経済計量モデルの構築とシミュレーション

1．はじめに

これまでの諸章では，人口の自己再生産過程をコンピュータ内に再現した人口モデル，人口の自己再生産に影響を及ぼす出生・死亡，そして増加する人口の扶養を可能にしてきた経済の成長・発展（経済モデル）をそれぞれ個別に議論してきた。

しかし，これらのモデルは，人口経済計量モデルの形をとると1つのモデルとしてまとめ上げることができる。そこで，本章においては，人口経済計量モデルを構築する。ただし，ここで構築するモデルは，本書の冒頭でも述べたように，人口と経済の状況を5年間隔でコンピュータ内に再現する，簡易人口経済計量モデルである。

このモデルを取り上げる理由は，これも本書の冒頭でも述べたことではあるが，通常構築する各歳別の人口経済計量モデルは処理すべきデータの量が膨大になるため，各個人にとっては着手し難い分析手法だからである。

簡易人口経済計量モデルであれば，各自の分析目的に合わせた小型のモデルを比較的容易に構築できることから，人口経済計量モデルの応用範囲も飛躍的に拡大するであろう。

2．人口経済計量モデルの概要

人口経済計量モデルのあらましは，第1章において論じたが（図1－3を参照），ここでは図6－1を用いて，もう少し具体的な議論を行うことにしよう。

人口経済計量モデルとは，人口モデルと経済モデルを連動させたものである。簡易人口経済計量モデルとは，この人口経済計量モデルの簡便版であって，5年ごとの人口状況と経済状況とを分析するための計量モデルで，その概要は次ページの図の通りである。

図6－1　人口経済計量モデルの概要

【人口モデル】

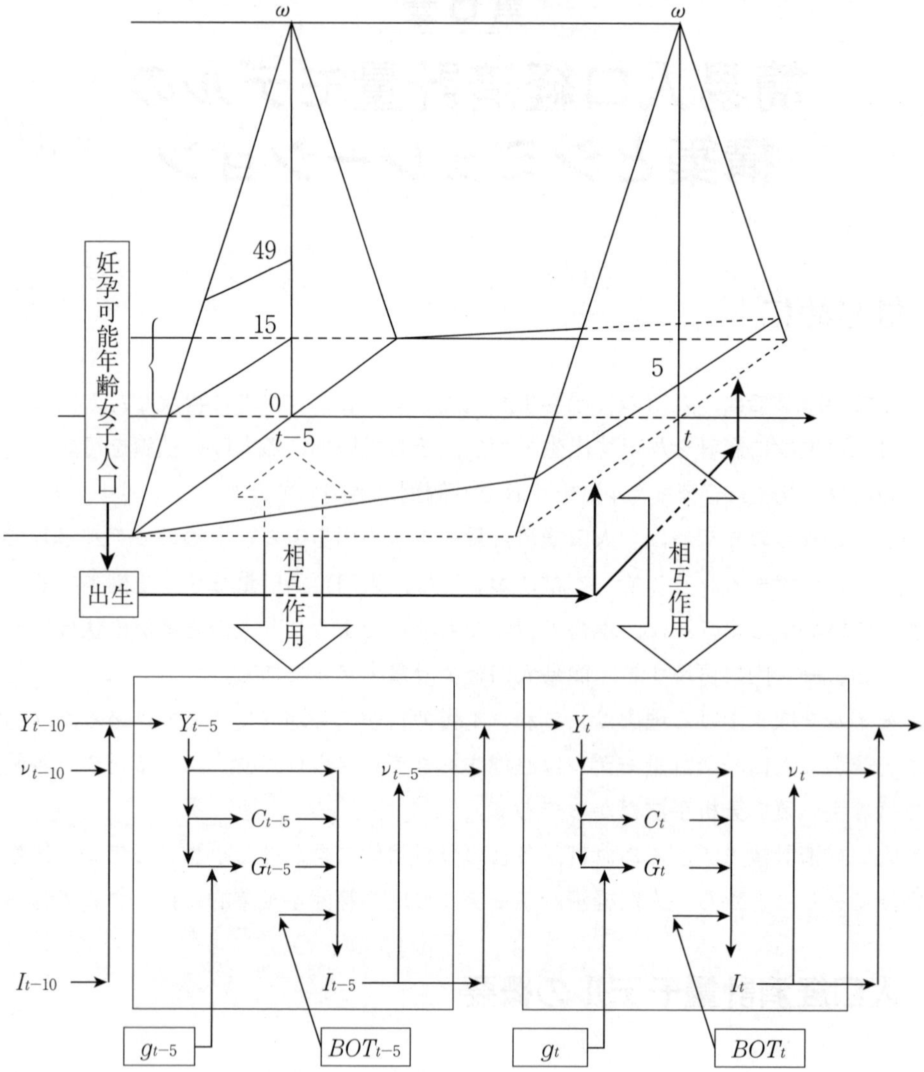

【計量経済モデル】

本図の上部に記されている人口モデルは，人間の出生・死亡が人口の規模や年齢構成に影響を及ぼす過程を示している。また，本図の下部に示されている経済モデルは，増加する人口の扶養を可能にする経済成長のプロセスを示している。

中間部の相互作用とは，人口と経済とのつながりを示すものであって，より具体的にいえば，人口の経済に対する影響（生産年齢（15～64歳）人口の経済活動への貢献，人口による生産物の消費など），経済の人口への影響（生活水準の向上（１人当たり GDP の増加）にともなう平均寿命の延長（死亡率の低下），出生率の低下など）を示している。

この図が示している関係は，より厳密には，これまでの諸章で論じてきた16本の方程式と定義式によって，下記のように表わせる（記号の意味は，各章を参照）。

【簡易人口モデル】

$$ {}_5P^f_{x+5,t} = {}_5P^f_{x,t-5} \cdot {}_5s^f_{x,t-5} \quad (A-1) $$

$$ {}_5P^m_{x+5,t} = {}_5P^m_{x,t-5} \cdot {}_5s^m_{x,t-5} \quad (A-2) $$

$$ TB_{t-5\sim t} = \sum_{x=15}^{49} \frac{{}_5P^f_{x,t-5} + {}_5P^f_{x,t}}{2} \cdot {}_5ASFR_{x,t-5} \quad (A-3) $$

$$ {}_5P^f_{0,t} = \left(TB_{t-5\sim t} \cdot \frac{100}{205} \right) {}_5s^f_{B,t-5} \quad (A-4) $$

$$ {}_5P^m_{0,t5} = \left(TB_{t-5\sim t} \cdot \frac{105}{205} \right) {}_5s^m_{B,t-5} \quad (A-5) $$

【簡易計量経済モデル】

$$ Y_t = Y_{t-5} + \frac{I_{t-5}}{\nu_{t-5}} \quad (A-6) $$

$$ \ln\nu_t = -8.167 + 59.133 \left(\frac{1}{\ln\left(\frac{WP_t}{I_t}\right)} \right) - 0.338 \cdot D1 + 0.278 \cdot D2 \quad (A-7) $$

$$ C_t = 2.932 + 0.559 \cdot Y_t + 0.655 \left(\frac{OP_t}{TP_t} \cdot 100 \right) \quad (A-8) $$

$$ G_t = g_t \cdot Y_t \quad (A-9) $$

$$ I_t = Y_t - C_t - G_t - BOT_t \quad (A-10) $$

【人口と経済との相互関係】

$$ \ln\left(\frac{90.34 - \mathring{e}^f_{o,t}}{\mathring{e}^f_{0,t}} \right) = -0.9057 - 0.0042 \left(\frac{Y_t}{TP} \right) \quad (A-11) $$

$$ \ln\left(\frac{83.67 - \mathring{e}^m_{o,t}}{\mathring{e}^m_{o,t}} \right) = -0.9749 - 0.0039 \left(\frac{Y_t}{TP} \right) \quad (A-12) $$

$$ {}_5L^f_{x,t} = L^f_{x,1955} + \frac{{}_5L^f_{x,2055} + {}_5L^f_{x,1995}}{\mathring{e}^f_{0,2055} - \mathring{e}^f_{0,1995}} \left(\mathring{e}^f_{0,t} - \mathring{e}^f_{0,1955}\right) \qquad (\text{A}-13) $$

$$ {}_5L^m_{x,t} = L^m_{x,1955} + \frac{{}_5L^m_{x,2055} - {}_5L^m_{x,1995}}{\mathring{e}^m_{0,2055} - \mathring{e}^m_{0,1995}} \left(\mathring{e}^m_{0,t} - \mathring{e}^m_{0,1955}\right) \qquad (\text{A}-14) $$

$$ \ln\left(TFR_t - 1.0\right) = 0.4673 - 0.0033\left(\frac{Y_t}{TP_t}\right) - 0.2489 \cdot D5 + 0.1814 \cdot D6 \qquad (\text{A}-15) $$

$$ {}_5ASFR_{x,t} = {}_5ASFR_{x,1995} \cdot \frac{TFR_t}{TFR_{1955}} \qquad (\text{A}-16) $$

なお，この簡易人口経済計量モデルはハロッド＝ドーマー生産関数を用いたモデルであるが，モデル中のＡ－６式とＡ－７式を次のＳ－１式とＳ－２式に置き換えると，スーツ型の生産関数を用いた簡易人口モデルになることは，前章で述べた通りである。

$$ Y_t = Y_{t-5}\exp\left(\ln GR_{t-5}\right) \qquad (\text{S}-1) $$

$$ \ln GR_t = 1.670 - 10.093\left(\frac{1}{\ln\left(\frac{WP_t}{I_t}\right)}\right) - 0.040 \cdot D3 + 0.075 \cdot D4 \qquad (\text{S}-2) $$

３．Excel による簡易モデルの構築

このように簡易人口モデルと簡易計量経済モデルを連動させることにより，簡易人口経済計量モデルを構築することができる。とするなら，先に Excel を用いて作成した簡易人口モデルと簡易経済モデルとを接合すれば，簡易人口経済計量モデルが作成できることになる。以下では，そのための具体的な作業について概説する。

（１）既存の簡易モデルの活用

まず，最初は，簡易人口モデルである（詳細は第２章での議論を参照）。この簡易人口モデルは Excel によって構築され，セル A1～セル L171の矩形範囲のなかには，生命表静止人口，生残率，女子人口，年齢別出生率，総出生数，男子人口などの統計データとそれらの計算処理法などが入力されている（図６－２を参照）。いかに簡易な人口モデルといっても，これだけの量の情報をほかの Sheet に転記するのは容易でない。

そこで，この簡易人口モデルが記載された部分セル（A1～セル L171）の下に，図６－２が示しているように，Excel によって構築した簡易計量経済モデル（詳細は第５章を参照）をコピーまたは転記し，両モデルを接合・連動させることによって，簡易人口経済計量モ

図6－2　Excelによる簡易モデルの構成

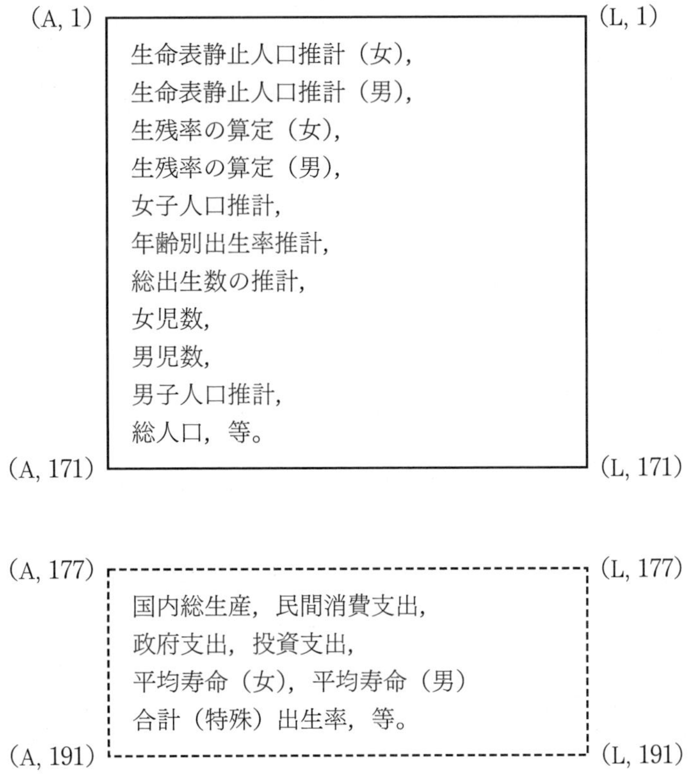

デルを構築すればよい。このような作業を行うことによって，第2章において構築した簡易人口モデルと第5章において開発した簡易人口モデルとを，図6－1の要領で接合・連動して簡易人口経済計量モデルをExcel上に構築するのである（図6－2を参照)。

これ以降の部分においては，その具体的な作業手順について述べる。

（2）具体的接合方法

2つのモデルを接合するために，以下の作業を行う。

（i）準備作業

① 両モデルを接合するためには，年齢3区分別人口（年少（0～14歳）人口，生産年齢（15～64歳）人口，老年（65歳以上）人口）に関する情報が必要になる。そこで，下記の図が要領で，これらの人口に関する情報を，セルA172～セルK174の矩形範囲の中に作成する。

その具体的方法を年少人口を例にとって説明するならば，セルB172に年少人口の計算式「=(SUM(B99:B101)+SUM(B149:B151))/1000」を入力する（ちなみに，式

	A	B	C	D	E	F	G	H	I	J	K
166	85～89歳	33852	52943	90335	133571	195404	268909	375298	484996	577490	668965
167	90～94歳	5369	8045	20677	43616	68748	106675	150618	213883	279545	334213
168	95～	460	322	3107	9988	22177	36469	57568	82198	117560	154040
169	合計	43860716	46547049	48785634	51668574	54704335	57211226	59029150	60547610	61439828	61885334
170	総人口(推計)	89276	94620	99157	104966	111073	116092	119773	122889	124807	125890
171	総人口(現実)	89276	93419	98275	103720	111940	117060	121049	123611	125570	126926
172	年少人口	29798	28757	25471	25388	26365	27109	25503	23084	20801	19320
173	生産年齢	54730	60442	67186	71631	75171	77559	81042	84210	85175	84345
174	老年人口	4747	5422	6500	7946	9537	11424	13228	15596	18831	22224
175											
176											
177	年	1955	1960	1965	1970	1975	1980	1985	1990	1995	2000
178	Y	47.1	71.7	111.3	188.3	234.4	290.5	342.9	429.9	461.9	486.0
179	Ye	47.1	76.8	119.3	188.5	226.5	278.6	331.4	408.1	446.8	485.3
180	Ce	32.7	49.6	73.7	112.9	134.7	164.6	194.9	239.0	262.2	285.6
181	Ge	10.1	12.7	16.3	18.8	23.8	29.0	33.1	36.7	42.0	46.1
182	Ie	4.6	15.5	30.7	59.6	70.1	81.5	88.5	129.4	137.1	140.9
183	v	0.2	0.4	0.4	1.6	1.3	1.5	1.2	3.3	3.6	2.8
184	g	0.214	0.166	0.137	0.100	0.105	0.104	0.100	0.090	0.094	0.095
185	X-M	-0.3	-1.1	-1.5	-2.9	-2.1	3.5	14.8	3.0	5.5	12.7
186	D1	0	0	1	0	0	0	1	0	0	0
187	D2	0	0	0	1	0	0	0	1	1	0
188	15-64	54730	60002	66928	71566	75839	78884	82535	86140	87260	86380
189	65+	4747	5350	6181	7331	8869	10653	12472	14928	18277	22041
190	TP	89275	93419	98275	103720	111940	117061	121049	123612	125570	126926
191	年	1955	1960	1965	1970	1975	1980	1985	1990	1995	2000

中で合計値を1000で除しているのは，単位を1,000人に変換するためである)。すると，数値「29798」がセルB172のなかに表れてくる。この数値が表れたら，後は既述のようにドラッグ機能を利用して，セルK172までの計算を行う。

生産年齢人口と老年人口に関しても，上記の要領でそれぞれの人口数を求める。

② 次に，第5章において開発した簡易計量経済モデルを，上記人口モデルの下のセルA177～セルK191の矩形範囲内にコピーする。このとき，簡易経済計量モデルの計算式や推計値等に狂いが生ずるようであれば，安全策を取って，少々手間はかかるが，この矩形範囲内に簡易人口経済計量モデルを再構築する。

③ 人口モデルによって推計された人口情報を，簡易計量経済モデルに反映させるためセルB180内の計算式「=2.932+0.559＊B179+0.655＊((B189/B190)＊100)」(消費関数)を，「=2.932+0.559＊B179+0.655*((B174/B170)＊100)」に書き換えて，入力する。後は，セルK180までドラッグ機能を利用して，一挙に計算する。その際，ほかの数値が変化するが，気にせずともよい。

④ 人口モデルによって推計された人口情報を用いるため，セルB183の資本係数vの計算式「=EXP(－8.167+59.133＊(1/LN(B188/B182))－0.338＊B186+0.278＊B187)」を「=EXP(－8.167+59.133＊(1/LN(B173/B182))－0.338＊B186+0.278＊B187)」に書き換えて，入力する。後は，ドラッグ機能を利用して，セルK180まで一挙に計算する。その際，他セルの数値が変化するが，気にせずともよい。

⑤ セルA188に「Y/TP」と表題を記入したうえで，セルB188に1人当たりGDPの計算式「=B179/B170*100000」を入力する。後は，ドラッグ機能を利用して，セルK188まで計算する。その際，他セルの数値が変化するが，気にせずともよい。

⑥　セルA189に「寿命（女)」と表題を記入し，ついでセルB189にその計算式「=90.34/(EXP(−0.9057−0.0042＊B188)＋1)」を入力する。後は，ドラッグ機能を利用して，セルK189まで計算する。

⑦　セルA190に「寿命（男)」と表題を記入し，ついでセルB190にその計算式「=83.67/(EXP(−0.9749−0.0039＊B188)+1)」を入力する。後は，ドラッグ機能を利用して，セルK190まで計算する。

⑧　セルA191に「TFR」，セルA192に「D5」，セルA193に「D6」と表題を記入したうえで，セルB192〜セルK193にかけて，次ページの図が示す要領で，合計特殊出生率を計算するための各年次のダミー変数D5とD6を転記する。

⑨　セルB191に合計出生率の計算式「=EXP(0.4673−0.0033＊B188−0.2489＊B192＋0.1814＊B193)＋1」を入力する。後は，ドラッグ機能を利用して，セルK191まで計算する。

⑩　女性の平均寿命の値が入っているセルC24に，「＝C189」を入力する。後は，ドラッグ機能を利用してセルK24まで，簡易計量経済モデルによる平均寿命の推計結果を転写することで，経済変動の影響を人口モデルに反映させる。その際，ほかのセルの数値が変化するが，気にせずともよい。

⑪　男性の平均寿命の値が入っているセルC49に，「＝C190」を入力する。後は，ドラッグ機能を利用してセルK49まで，簡易計量経済モデルによる平均寿命の推計結果を転写することで，経済変動の影響を人口モデルに反映させる。その際，ほかのセルの数値が変化するが，気にせずともよい。

⑫　合計（特殊）出生率の値が入っているセルC130に，「＝C191」を入力する。後は，ドラッグ機能を利用してセルK130まで，簡易計量経済モデルによる合計（特殊）出生率の推計結果を転写することで，経済変動の影響を人口モデルに反映させる。その際，ほかのセルの数値が変化するが，気にせずともよい。

以上の作業によって簡易人口モデルと簡易計量経済モデルとを連動させ，簡易人口経済計量モデルを構築する（次ページの表を参照)。すると，先に示した，まだ両モデルを連動させていない場合の図のなかの数値は，次ページの表のように変わることになる。

	A	B	C	D	E	F	G	H	I	J	K
166	85～89歳	33852	52943	92827	135586	203851	276672	379194	481805	570454	661615
167	90～94歳	5369	8045	21569	44772	72068	110781	153852	214446	277314	330296
168	95～	460	322	3275	10410	23311	38111	59501	83550	117766	152856
169	合計	43860716	46547049	48723079	51910945	54904274	57513913	59192814	60653957	61564997	62228975
170	総人口(推計)	89276	94620	98999	105388	111422	116701	120158	123192	125167	126643
171	総人口(現実)	89276	93419	98275	103720	111940	117060	121049	123611	125570	126926
172	年少人口	29798	28757	25285	25814	26496	27724	25381	23310	20792	19824
173	生産年齢	54730	60442	67196	71631	75252	77436	81491	84314	85579	84630
174	老年人口	4747	5422	6517	7943	9675	11541	13286	15568	18796	22189
175											
176											
177	年	1955	1960	1965	1970	1975	1980	1985	1990	1995	2000
178	Y	47.1	71.7	111.3	188.3	234.4	290.5	342.9	429.9	461.9	486
179	Ye	47.1	76.8	119.6	189.0	227.1	278.7	330.4	406.1	443.7	481.34
180	Ce	32.7	49.6	74.1	113.5	135.5	165.2	194.9	238.2	260.8	283.5
181	Ge	10.1	12.7	16.4	18.9	23.8	29.0	33.0	36.5	41.7	45.7
182	Ie	4.6	15.5	30.6	59.5	69.8	81.0	87.7	128.3	135.7	139.4
183	v	0.2	0.4	0.4	1.6	1.4	1.6	1.2	3.4	3.6	2.9
184	g	0.214	0.166	0.137	0.100	0.105	0.104	0.100	0.090	0.094	0.095
185	X−M	−0.3	−1.1	−1.5	−2.9	−2.1	3.5	14.8	3	5.5	12.7
186	D1	0	0	1	0	0	0	1	0	0	0
187	D2	0	0	0	1	0	0	0	1	1	0
188	Y/TP	52.758019	81.130227	120.77427	179.36356	203.78674	238.82979	274.95953	329.62565	354.52566	380.07991
189	寿命(女)	68.24	70.17	72.65	75.90	77.10	78.68	80.13	82.03	82.79	83.50
190	寿命(男)	64.01	65.63	67.72	70.46	71.49	72.84	74.10	75.77	76.44	77.07
191	TFR	2.61	1.95	2.28	2.06	1.98	1.73	1.77	1.54	1.50	1.46
192	D5	0	1	0	0	0	0	0	0	0	0
193	D6	1	0	1	1	1	0	1	0	0	0

以上が，Excelによる簡易人口経済計量モデル構築の概要である。一般に，プログラム言語を用いてモデルを構築する場合，シミュレーションを行ってそのモデルを実際に動かしてみるまでは，その妥当性を確かめることができないのが普通である。

しかし，Excelを用いて簡易人口経済計量モデルを構築する場合は，表計算機能を用いて実際に動かした簡易人口モデル，同じく表計機能を用いて実際に動かした簡易人口計量経済モデルを連動させる。このため，両者を連動させた段階で，人口と経済の相互作用が推計結果として出てくる。要するに，簡易人口経済計量モデルの構築が完成した時点においては，結果的にシミュレーションも終わってしまっていることになる。

4．分析結果の検討と今後の課題

次ページの2つの図が示しているのは，ハロッド＝ドーマー生産関数を用いて簡易人口経済計量モデルから得られた，総人口とGDPの推計値と現実値を比較したものである。いずれの図においても，現実値と推計値はほぼ一致しており，本簡易人口経済計量モデルの追跡能力はかなり高いことがわかるであろう。

図6－3　総人口の現実値と推計値（HD タイプ）

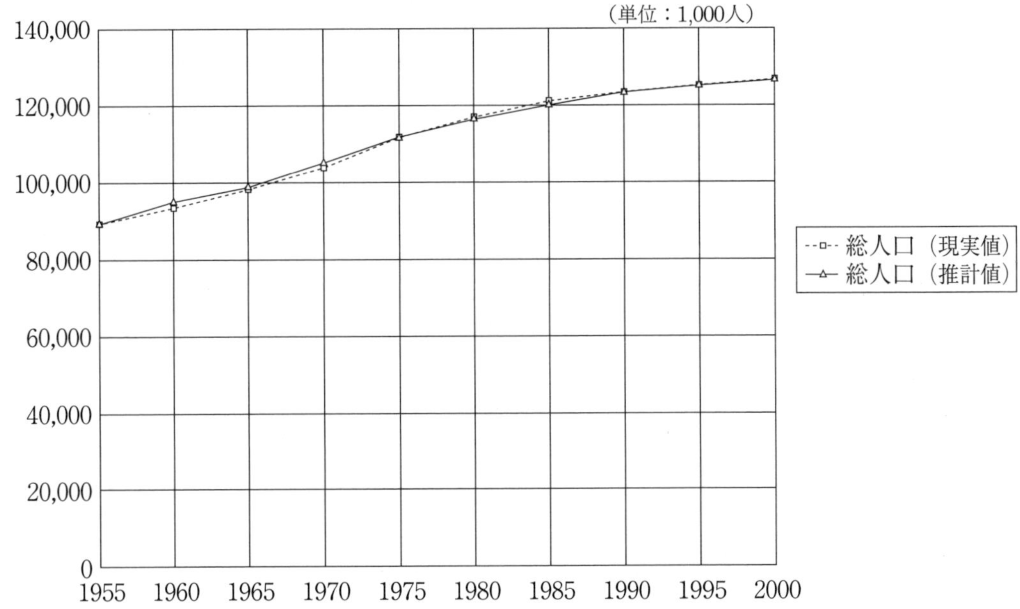

図6－4　GDP の現実値と推計値（HD タイプ）

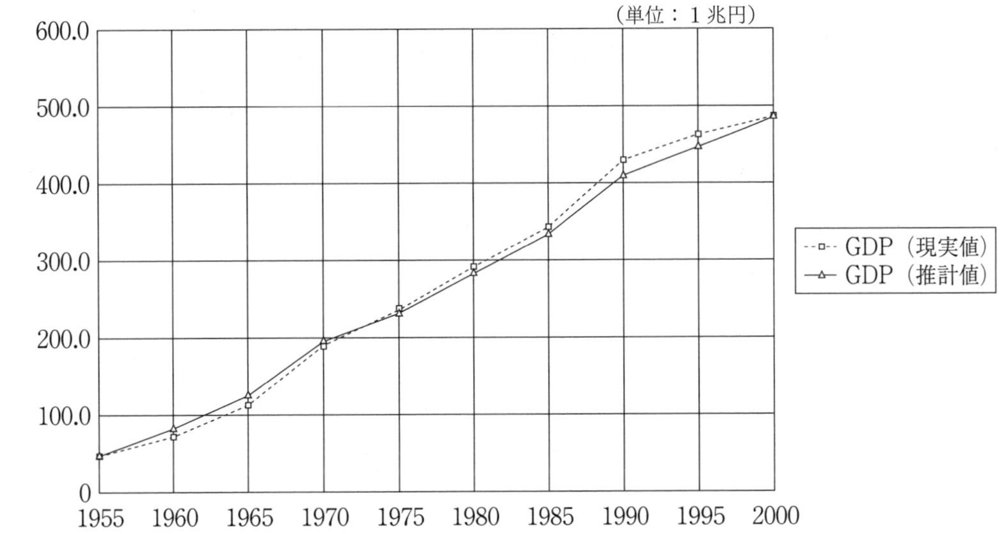

また，次ページの２つの図が示しているのは，生産関数をハロッド＝ドーマー生産関数からスーツ型生産関数に置き換えて実施したシミュレーション結果から得られた，総人口と GDP の推計値と現実値を比較したものである。スーツ型生産関数を用いた場合の簡易人口経済計量モデルも，高い追跡能力をもっていることがわかる。

図6－5　総人口の現実値と推計値（Sタイプ）

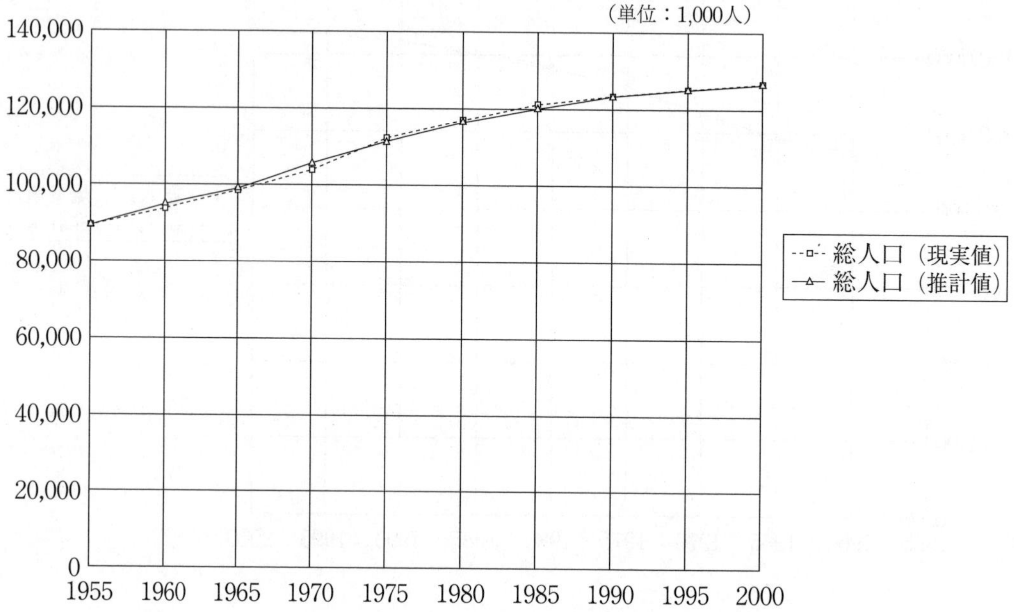

図6－6　GDPの現実値と推計値（Sタイプ）

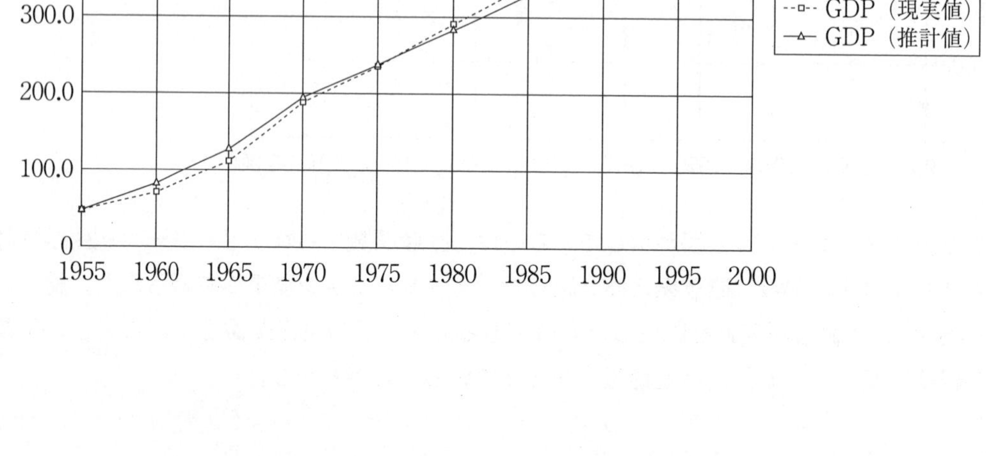

ところで，上記の推計結果からは，重要な知見を得ることができる。本書の第１章でも述べたように，学問が発展する過程においては，研究領域が細分化されてきたことは述べた。これは，学問の発展のためには，綿密かつ精緻な研究が必要だったからである。経済学も，その例外ではない。経済学においては，微分などの数学を導入して研究の精緻化が図られてきたが，それにともなって分析対象期間がしだいに短期化してきた，といえよう。これは微分が，微細な変動を扱っていることから，容易に推測できよう。

今日の経済学においては，ごく大雑把に言って，３～４年は短期，10～20年は中期，30～50年は長期，ということになる。他方，人口学の立場からすれば，30年（１世代）は短期にすぎない。ということは，分析対象期間が短くなり，短期分析の比重が高まった経済学の立場からすれば，30年を短期とみなす人口現象は変化しないも同然であろう。それゆえに，経済学では人口を所与とみなすことになった，といってよいであろう。

こうした分析対象期間のずれは，微妙な問題をもたらすことになる。研究が精緻化した計量経済学においては，消費関数などを求める際に，その信頼性を調べるために構造変化・系列相関・単位根などに関するさまざまな検定を行わなければならない。しかし，景気変動が幾度かあったとはいえ，経済が比較的順調に成長してきたわが国の経済では，各種の統計データにおける変数にはおしなべて同じ上向きの趨勢を見出すことができる。こうした理由もあってか，各関数を求めるとき，これらの検定条件を満たせない場合が生ずる。この傾向は，分析対象期間を長くとったときに顕在化する傾向にある，と思われる。

とはいうものの，簡易人口モデルと簡易経済モデルとを結びつけるためには，簡易人口モデルに合わせて分析対象期間を長くとらざるを得ない。すると，この危険性も大きくならざるを得ないことになる。とはいえ，経済学における信頼性のある理論に依拠した関数でさえもが検定条件を満たさないとなると，事態は厄介である。

このような場合への対処策としては，関数の形を変えてみる，理論の妥当性を検討してみるなどさまざまあるが，これには時間の制約，統計データの制約をはじめとするさまざまな障害がある。結局のところ，さまざまな点を考慮しても，それでも良好な結果が得られない場合には，モデル構築時の所期の目的を達成する，という現実的な観点から理論を優先せざるを得ないであろう。計量経済学は，経済理論と統計学的処理との微妙なバランスのうえに成り立っている以上，この様な問題が生じたときには，何のためにモデルを作成しているのか，という目的に沿って判断せざるを得ないであろう。本書における上記のさまざまな関数も，こうした方針に則って，人口現象と経済現象との相互関係に関する全体像（イメージ）を作成する，という現実的な目的を優先して作られている点に留意されたい。

また，最後に，簡易人口モデルの性質に関して，若干付言しておくべきことがある。これまでの議論からわかるように，簡易人口経済計量モデルは超小型のモデルである。それゆえに，さまざまな研究機関などで構築させる大型の人口経済計量モデルのように，さまざまな事象の分析を一手に引き受ける程の汎用性を有してはいない。この問題点への対応策としては，超小型モデルゆえに各人が比較的に容易に構築し得る，という手軽さ（フットワークの良さ）を活用して分析目的に応じたモデルを構築することがあげられよう。ちなみに，本書におけるモデルの構築の目的は，人口と経済の相互関係の把握にある。

5．VBAによる簡易人口経済計量モデル

ところで，本書においては，人口モデル，計量経済モデル，そして人口経済計量モデルを実際に動かすことによって，人口現象と経済現象との相互関係に関する全体像を形作る，という目的からExcelの表計算機能を活用して議論を進めてきた。

しかし，表計算機能を用いて簡易人口経済計量モデルを構築する場合，これまでの議論から明らかなように，その作成途上においてさまざまな手作業（たとえばドラッグ）が必要になる。理論的には正しくとも，操作ミスを犯し，結果に狂いが生ずる恐れもある。

また，人口と経済の相互作用に関心のある者が，自分の関心に焦点をあてた簡易人口経済計量経済モデルを構築しようとするたびごとに，上記の表計算機能を用いて毎回モデルを構築するのは厄介である，という問題もやがて生じてくるであろう。

こうした問題の回避策として最適な方法としては，Excelに搭載されたプログラム言語VBA（Visual Basic for Applications）を用いて簡易人口経済計量モデルをプログラム表記し，同じ計算をしてみることがあげられよう。すなわち，VBAによる簡易人口経済計量モデルのシミュレーションを別途行い，その推計結果と表計算機能から得られた推計結果とを比較することが最も効果的である，と考えられる。もし，表計算機能を用いたモデルの分析結果が妥当なものなら，VBAによってプログラム表記した簡易人口経済計量モデルの結果と一致するはずである（違う場合は，どこかに誤りが生じている）。

そして，この簡易人口経済計量モデルのプログラムと作成しておけば，一部を修正することにより，さまざまな分析に応用することができる。

この目的から，本章末に，VBA表記した簡易人口経済計量モデルのプログラムを記しておく。ちなみに，このプログラムは洗練された手法などは一切用いず，これまでの議論をそのままプログラム化したものであるため，内容は容易に理解できるはずである。

さて，近年，Officeのバージョンアップが行われたため，VBAの活用の仕方も，各バージョンによって若干異なっている。しかしながら，VBAによる簡易人口経済計量モデルのシミュレーションは，簡単な操作をすれば実行できる。

たとえば，Office2003のExcelでは，【ツール（T）】⇒【マクロ（M）】⇒【マクロ（M）】の順に操作してゆくと，下記のようなダイアログボックス【マクロ】が出てくる。そこで，実施するプログラムのマクロ名を指定し，【実行（R）】キーをクリックすると，このプログラムが自動的にExcel内に入力された統計データを読み取り，先の簡易人口経済計量モデルのシミュレーションを実施し，その推計結果をSheet 4に表わす。

下記に示しているのは，ハロッド＝ドーマー生産関数を用いた簡易人口経済計量モデルの VBA によるプログラムを実行した結果（総人口と GDP（国内総生産）の現実値と推計値の経年変化）である。この値は，表計算機能で推計した同じである。先に示した表計算機能による分析結果と比較されたい。

	A	B	C	D	E	F	G	H	I	J	K
1	年次	1955	1960	1965	1970	1975	1980	1985	1990	1995	2000
2	総人口(現実)	89276	93419	98275	103720	111940	117060	121049	123611	125570	126926
3	総人口(推計)	89276	94620	98999	105387	111422	116700	120158	123192	125166	126642
4	GDP(現実)	47.1	71.7	111.3	188.3	234.4	290.5	342.9	429.9	461.9	486.0
5	GDP(推計)	47.1	76.8	119.6	189.0	227.1	278.7	330.4	406.1	443.7	481.3

なお，下記 VBA プログラム中の主要な変数の意味は，次の通りである。

pf：年齢別女子人口，pm：年齢別男子人口，lf：女子生命表静止人口，lm：男子生命表静止人口，sf：女子生産率，sm：男子生残率，asfr：年齢別出生率，tfr：合計（特殊）出生率，yp：年少人口，wp：生産年齢人口，op：老年人口，tp：総人口，ef：女子平均寿命，em：男子平均寿命，y：国内総生産，c：民間消費支出，g：政府支出，w：政府支出の GDP に占める割合，bot：貿易差額，iv：投資額，v：資本係数，d：ダミー変数。

簡易人口経済計量モデルの VBA プログラム

```
Sub demoecon_model()
Dim pf, pm, lf, lm, sf, sm, asfr, tfr, yp, wp, op, tp, ef, em
Dim y, c, g, w, bot, iv, v, d

a = 20: t = 10: t1 = t + 1: dmy = 4
```

```
ReDim lf(a, t1), lm(a, t1), sf(a, t), sm(a, t), pf(a, t), pm(a, t), asfr(a, t), tfr(t), yp(t), wp(t), op(t), tp(t), ef(t1),
em(t1)
ReDim y(t), c(t), g(t), w(t), bot(t), iv(t), v(t), d(dmy, t)

For j = 0 To a
 lf(j, 1) = Sheets("Sheet2").Cells(j + 3, 2).Value
   lf(j, t1) = Sheets("Sheet2").Cells(j + 3, 12).Value
   lm(j, 1) = Sheets("Sheet2").Cells(j + 28, 2).Value
 lm(j, t1) = Sheets("Sheet2").Cells(j + 28, 12).Value
Next j

ef(1) = Sheets("Sheet2").Cells(24, 2).Value: ef(t1) = Sheets("Sheet2").Cells(24, 12).Value
em(1) = Sheets("Sheet2").Cells(49, 2).Value: em(t1) = Sheets("Sheet2").Cells(49, 12).Value

For k = 2 To t - 1
 lf(0, k) = 500000
 lm(0, k) = 500000
Next k

For i = 1 To a
 pf(i, 1) = Sheets("Sheet2").Cells(i + 98, 2).Value
 pm(i, 1) = Sheets("Sheet2").Cells(i + 148, 2).Value
Next i

 ty = 0
For l = 1 To 3
   ty = ty + (pf(l, 1) + pm(l, 1)) / 1000
Next l
 yp(1) = ty

 tw = 0
For n = 4 To 13
   tw = tw + (pf(n, 1) + pm(n, 1)) / 1000
Next n
```

```
  wp(1) = tw

  ot = 0
For i = 14 To a
  ot = ot + (pf(i, 1) + pm(i, 1)) / 1000
Next i
  op(1) = ot

tp(1) = op(1) + wp(1) + yp(1)

For k = 1 To t
  For l = 1 To a
    asfr(l, k) = 0
  Next l
Next k

For n = 4 To 10
  asfr(n, 1) = Sheets("Sheet2").Cells(n + 119, 2).Value
Next n

tfr(1) = Sheets("Sheet2").Cells(130, 2).Value

'【経済初期値】
y(1) = Sheets("Sheet2").Cells(178, 2).Value

For n = 1 To t
    w(n) = Sheets("Sheet2").Cells(184, n + 1).Value
Next n

  For j = 1 To t
    bot(j) = Sheets("Sheet2").Cells(185, j + 1).Value
  Next j

For m = 1 To t
  d(1, m) = Sheets("Sheet2").Cells(186, m + 1).Value
```

```
    d(2, m) = Sheets("Sheet2").Cells(187, m + 1).Value
    d(3, m) = Sheets("Sheet2").Cells(192, m + 1).Value
  d(4, m) = Sheets("Sheet2").Cells(193, m + 1).Value
Next m

   Rem 【初期値】

  c(1) = 2.932 + 0.559 * y(1) + 0.655 * ((op(1) / tp(1)) * 100)
  g(1) = w(1) * y(1)
  iv(1) = y(1) - c(1) - g(1) - bot(1)
  v(1) = Exp(-8.167 + 59.133 * (1 / Log(wp(1) / iv(1))) - 0.338 * d(1, 1) + 0.278 * d(2, 1))


'【人口推計】
'＊　始点

For k = 2 To t

  For i = 1 To a
    sf(i - 1, k - 1) = lf(i, k - 1) / lf(i - 1, k - 1)
    sm(i - 1, k - 1) = lm(i, k - 1) / lm(i - 1, k - 1)
  Next i

For j = 2 To a
  pf(j, k) = pf(j - 1, k - 1) * sf(j - 1, k - 1)
  pm(j, k) = pm(j - 1, k - 1) * sm(j - 1, k - 1)
Next j

  tb = 0
For m = 1 To a
  tb = tb + ((pf(m, k - 1) + pf(m, k)) / 2) * asfr(m, k - 1)
Next m

pf(1, k) = tb * (100 / 205) * sf(0, k - 1)
pm(1, k) = tb * (105 / 205) * sm(0, k - 1)
```

```
  ty = 0
For l = 1 To 3
  ty = ty + (pf(l, k) + pm(l, k)) / 1000
Next l
  yp(k) = ty

  tw = 0
For n = 4 To 13
  tw = tw + (pf(n, k) + pm(n, k)) / 1000
Next n
  wp(k) = tw

  ot = 0
For i = 14 To a
  ot = ot + (pf(i, k) + pm(i, k)) / 1000
Next i
  op(k) = ot

  tp(k) = op(k) + wp(k) + yp(k)

'【経済モデル】
  y(k) = y(k - 1) + iv(k - 1) / v(k - 1)
  c(k) = 2.932 + 0.559 * y(k) + 0.655 * ((op(k) / tp(k)) * 100)
  g(k) = w(k) * y(k)
  iv(k) = y(k) - c(k) - g(k) - bot(k)
  v(k) = Exp(-8.167 + 59.133 * (1 / Log(wp(k) / iv(k))) - 0.338 * d(1, k) + 0.278 * d(2, k))
  ef(k) = 90.34 / (Exp(-0.9057 - 0.0042 * ((y(k) / tp(k)) * 100000)) + 1)
  em(k) = 83.67 / (Exp(-0.9749 - 0.0039 * ((y(k) / tp(k)) * 100000)) + 1)
  tfr(k) = Exp(0.4673 - 0.0033 * ((y(k) / tp(k)) * 100000) - 0.2489 * d(3, k) + 0.1814 * d(4, k)) + 1
  Debug.Print y(k); c(k); g(k); iv(k); v(k)


'【生命表静止人口&年齢別出生率の推計】
For i = 1 To a
```

```
  lf(i, k) = lf(i, 1) + ((lf(i, t1) - lf(i, 1)) / (ef(t1) - ef(1))) * (ef(k) - ef(1))
  lm(i, k) = lm(i, 1) + ((lm(i, t1) - lm(i, 1)) / (em(t1) - em(1))) * (em(k) - em(1))
Next i

For j = 1 To a
  asfr(j, k) = asfr(j, 1) * (tfr(k) / tfr(1))
Next j

Next k

For m = 1 To t
 Sheets("sheet4").Cells(3, m + 1).Value = tp(m)
 Sheets("sheet4").Cells(5, m + 1).Value = y(m)
Next m

End Sub
```

第7章
移　動

1．はじめに

本書の冒頭でも述べたように，人口に影響を及ぼす要因には，死亡，出生，移動の3つがある。しかしながら，これまでの議論においては死亡と出生のみを扱い，移動は捨象してきた。その主たる理由は，一国全体の人口を考慮する場合，一般的にいって，これに大きな影響を及ぼすほど大規模な移動は起こらない，と考えたからである（ただし，一国内の地域人口は人口移動の影響を大きく受けるために，その限りではない）。

ところが，近年においては，自由貿易の拡大やこれによるボーダーレス化・グローバル化の進展などの影響によって国際労働移動が急速に増大してきた結果，人口変動を分析する際には移動要因を考慮に入れなければならない状況が生じてきた。

そこで，本章においては，この移動要因に焦点を当てて議論を進める。

2．国際労働移動の時代背景

近年，貧しい国から豊かな国へと職を求めて国境を越える人々の移動，すなわち国際労働移動は急速に増大している。その結果，多くの先進諸国において，外国人労働者の数は着実に増加している（表7－1参照）。その背後には，開発途上国側においては経済活動の低迷による人口転換の遅れと，それにともなう過剰人口・失業問題の深刻化，先進国側では経済の発展と成熟による人口転換の進展と，それにともなう少子高齢化の顕在化などのプッシュ・プル要因がある，といえる（人口転換に関しては，第2章を参照されたい）。しかしながら，その背後にある歴史的要因の影響も見逃すことはできない。

時代は少々遡るが，1929年，アメリカで大恐慌が発生した。この悪影響は瞬く間に世界各国に伝播し，1930年代は世界的大不況の時代となった。このとき，世界の主要国は配下にある植民地等を含めた閉鎖的な経済圏，アウタルキー（閉鎖的な自給自足経済，一種のブロック経済）を構築することで，国民経済をこの悪影響から護ろうとした。この例としては，ドル・ブロック（アメリカ），スターリング・ブロック（イギリス），金ブロック（フラ

表7－1　外国人労働力人口（ストック）

（千人 /thousands）

国 Country	1997年 ／Year	1998	1999	2000	2001	2002	2003	2004	2005	2006	2007
（外国人労働者（ストック）／ stock of foreign labour force）											
日　本 JPN	408	423	447	516	568	614	655	695	723	753	－
ド イ ツDEU	3,575	3,501	3,545	3,546	3,615	3,633	3,703	3,701	3,823	3,528	3,874
フランス FRA	1,570	1,587	1,594	1,578	1,618	1,624	1,527	1,467	1,392	1,407	1,485
イギリス GBR	949	1,039	1,005	1,107	1,229	1,251	1,322	1,445	1,504	1,773	2,035
アメリカ USA	16,677	17,345	17,055	18,029	18,994	20,918	21,564	21,985	22,422	23,343	24,778
韓　国 KOR	97	58	82	97	74	73	251	232	165	238	－
	(245)	(158)	(217)	(286)	(330)	(363)	(389)	(422)	(346)	(425)	－

出所）労働政策研究・研修機構，2010。
　注）括弧（　）内の数値は，不法残留者も含む。

ンスなど），広域経済圏構想（ドイツ），大東亜共栄圏（日本）などがある。

こうしたアウタルキーの構築は自由貿易を停止させ，その結果としての外需（外国からの需要）の減少が，1930年代の世界的不況を激化・長期化する要因となった。こうした状況の下において，経済圏が狭小なドイツや日本などは，資源や市場などを求めて対外進出を開始した。その結果として生じたものが，第２次世界大戦である。

1945年，第２次世界大戦は終結した。この大戦で失った多くの人命など代償として，世界は「世界の平和には経済の繁栄が必要であり，経済の繁栄には自由貿易が必要である」，という教訓を得た。そして，第２次世界大戦後，GATT（関税貿易一般協定），IMF（国際通貨基金）などの国際機関が設立され，自由貿易が拡大されることとなった。

こうした国際機関や各国の取り組みによって自由貿易が拡大したことにより，世界の経済はおおむね順調な繁栄を享受することとなった。その結果，局地的な紛争・戦争は生じたものの，世界を巻き込むような大戦は今日に至るまで起きていない。この意味からするなら，第２次世界大戦の教訓は今日の世界に生かされている，といえよう。

以上が自由貿易の光の部分とすれば，その光が強くなるほど影も色濃くなるのは当然である。経済学の標準的な教科書にもあるように，自由貿易を推進するには各国が自国に適した産業に特化する必要がある（これが国際分業である）。この影響もあってか，自由貿易の進展にともなって，各国の国民経済の相互依存度がしだいに高まってきた。これを換言するなら，各国の国民経済の自律性がしだいに低下してきたことでもある。

こうした状況の下で，モノ（商品）の越境移動が増大するのは当然であるが，自由貿易論が想定していなかったヒト（労働者）やカネ（資本）までもが，あたかも国境の垣根が低くなったか，あるいはなくなってしまったかのように大規模な越境移動を開始したのである。このヒト・モノ・カネの大規模な越境移動は，当初，ボーダーレス化と称されていた。しかし，それがさらに進展した今日では，グローバル化と呼ばれている。

国際労働移動による外国人労働者の増大やグローバル化の進展の複雑な影響は，各国の社会や経済にさまざまな問題をもたらしてきた。また，自由貿易が万能であるかのような風潮がみられる反面，貿易摩擦などの問題が頻発していることも確かである。

そうかといって，国際労働移動やグローバル化の進展を無下に否定はできない。なぜならば，その背後には第２次世界大戦の歴史的教訓が控えているからである。

3．国際労働移動理論

こうした状況の下，国際労働（人口）移動の活発化にともなって，国際労働移動に関する研究が活発化し，数多くの理論や仮説が提示されるようになってきた。ここでは，まず，そうした議論の一端を紹介し，国際労働移動の要因を概観しよう。

（i）労働力貿易モデル

次ページに示した図７－１は，労働力貿易を説明するために，２つの国（先進国と開発途上国）の労働市場モデルを接合したものである。ここでいう労働力とは，生産に振り向けることのできる肉体的・精神的能力のことである。これは経済活動に必要な生産要素であり，売買可能な商品である。それゆえ，この商品はそれを扱う市場，すなわち労働市場において売買される。通常の商品を扱う市場では需給関係によって（右下がりの曲線によって示される需要と，右上りの曲線によって示される供給とが一致する交点において）価格と取引量が決まる。このときの市場では，同じ商品には同じ価格が成立する（一物一価の法則）。労働市場では，通常の市場の価格と取引量に相当する賃金 W（価格に相当）と雇用量 L_D（取引量に相当）が，需給関係（図７－１の先進国の場合は右下がりの労働需要曲線（$DL_D - DL_D$ 線）と右上がりの労働供給曲線（$SL_D - SL_D$ 曲線）の交点（e_u），開発途上国の場合は左下がりの労働需要曲線（$DL_U - DL_U$ 線）と左上がりの労働供給曲線（$SL_U - SL_U$ 線）の交点（e_u））によって決まることになる。

しかしながら，労働力という商品には，通常の商品と異なる特徴がある。それは，労働力を生産し所有している労働者から，これを切り離せないことである。それゆえ，労働力の取引が成立すると，労働者はこれを購入した者（企業など）が指定する所へ移動し，一定の時間を拘束されて働かなければならない。国内における労働移動はこうして発生する（朝夕のラッシュアワーの光景は，その代表的事例である，といえる）。

これと同じことが，国際労働移動に関してもいえる。いま，先進国の賃金が W_D の水準にあり，開発途上国の賃金が W_U の水準にあるとする。このとき，労働の質と量が同じであるとするなら，開発途上国の労働者は先進国おいて自らの労働力をより高値で売りたい

図7－1　労働力貿易

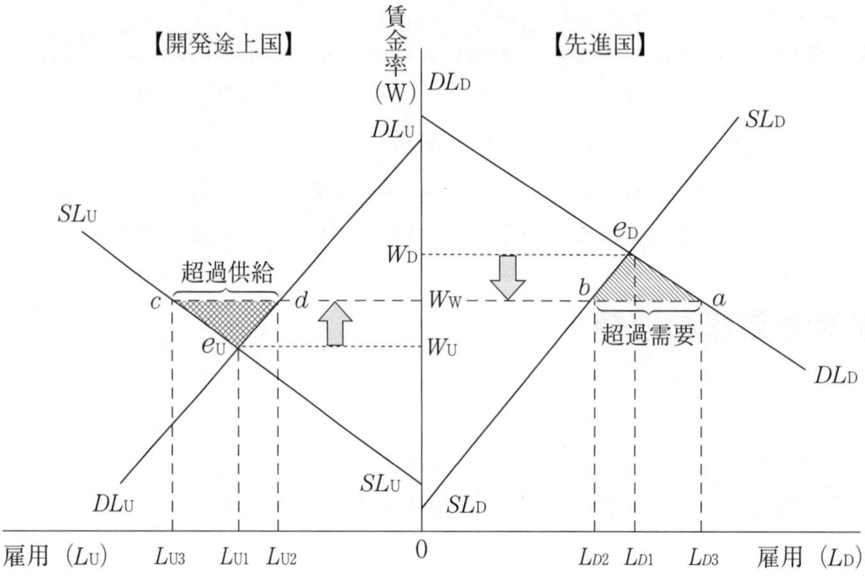

出所：大塚，1996。

と思うであろうし，先進国の企業等は自国より安価な開発途上国の労働力を購入したいと思うであろう。その結果として，先進国と開発途上国の間で労働力貿易（Labor Trade）が行われ，労働者が先進国へ向けて越境移動が生ずるのである。

この労働力貿易（国際労働移動）は，開発途上国側の労働力の超過供給と先進国の労働力への超過需要を緩和させる方向に作用し，先進国の賃金水準を引き下げる一方，開発途上国の賃金水準を引き上げる。この動きは，両国の賃金水準が一致する（図中のW_Wの水準において「一物一価の法則」が国際的に成立する）まで継続することになる。

労働力貿易は，先進国と開発途上国の双方に利益をもたらす。図中の先進国側の3つの点DL_D・e_D・W_Dで囲まれた三角形の面積は，労働力を入手するために支出する意思（労働需要曲線によって示される）はあるが，労働市場で決まるより安価な価格（賃金水準）でこれを入手できるため，余分な出費をせずにすんだ消費者側の利益を示すものであって，消費者余剰と称される（ただし，労働力の消費者は企業など）。他方，先進国側の3つの点W_D・e_D・SL_Dで囲まれた三角形の面積は，市場で決まる価格が労働供給曲線によって示される生産者の望む最低限の金額を上回ることから生産者側に生じた利益を示すものであって，生産者余剰と呼ばれる（ただし，労働力の生産者は労働者）。

労働力貿易が行われると，両国の賃金はW_wに収束するため，先進国側の消費者余剰はDL_D・e_D・W_DからDL_D・a・W_Wへと拡大する一方，生産者余剰はW_D・e_D・SL_DからW_W・b・SL_Dへと縮少する。その結果，消費者余剰と生産者余剰の合計である総余剰は，労働力貿易が行われない場合よりもe_D・a・bだけ増えている。これが自由貿易の利益と呼ばれるものであって，開発途上国側にも面積 $e_U \cdot c \cdot d$ の自由貿易の利益が生じていることが分かる。労働力貿易は，労働力の送出国と受入国の双方に利益をもたらすことになる。

（ⅱ）送金乗数モデル

さて，開発途上国のなかには，フィリピンのPOEA（海外雇用庁；Philippine Overseas Employment Administration）のような公的機関を設置し，自国の労働力の輸出（労働者の海外派遣）と積極的に取り組んでいる国も数多くある。次に，国際労働移動がそうした国にもたらす利益を，経済理論の側面からみておくことにする（大塚，1993）。

既述のように，労働力は経済活動に欠かせない生産要素であり，売買が可能な商品である。この点を考慮に入れるなら，一国の国民経済を示す定義式には，下記のように外国で働く労働者からの送金 R を付け加えることができる。すなわち，労働力を輸出商品とみなすなら，彼らから母国の家族らへの送金はその対価となるわけである。ただし，下記の式中の記号の意味は，次の通り。Y：国内総生産，C：民間消費，I：投資，G：政府支出，X：輸出，R：在外労働者からの送金，M：輸入，a：基礎消費，b：限界消費性向。

$$Y = C + I + G + [(X + R) - M] \tag{7－1}$$

さて，ケインズの「有効需要の原理」に従って，この式と下記の消費関数（7－2式）を連立方程式として解くと，

$$Y = a + b \cdot Y \tag{7－2}$$

次の7－3式が示している，

$$\Delta Y = \frac{1}{1-b} \Delta R \tag{7－3}$$

という結論を導き出すことができる。

この式が意味していることは，外国で働く労働者から母国の家族らへの送金の増加 ΔR は国内の有効需要を喚起することによって，その乗数 $1/(1-\mathrm{b})$ 倍ほどの生産の増加 ΔY をもたらす，すなわち国民経済の活動の活発化，ひいては経済の発展を引き起こす，ということである。これが，一般に送金乗数モデル，と呼ばれるものである。

この送金乗数モデルを政策として採用する開発途上国の狙いは，おそらく次のようなものであろう。すなわち，国民経済が弱体な開発途上国にとっては，今日の自由貿易体制の下で，最も国際競争力のある有望な輸出商品は国内に潤沢に存在する労働力に限られてこよう。そこで，自国に潤沢に存在する労働力を積極的に輸出（自国民労働者を外国へ積極的に派遣）し，その対価（彼らから母国への送金）を手にすることができれば，これを梃子にして自国の国民経済の活性化を実現できる可能性も高まる。この政策に成功すれば，国内

での雇用も増えるために，自国民労働者を二度と外国に派遣しなくてもすむような経済構造・体制，を築くことができる，といったことである。

（iii）限界生産力分析

下記の図７－２が示しているのは，高賃金国と低賃金国の２地域における雇用・賃金・総生産の関係である。図中の af 線と gj 線が示しているのは，高賃金国と低賃金国における労働の限界生産力曲線である。高賃金国を例にとって説明すると，この地域の賃金率 W_{H1} と労働の限界生産力曲線 af 線が接した点 b において，雇用量 L_{H1} が定まる。このとき，４つの点 a・b・L_{H1}・O に囲まれた台形の面積が総生産額を示し，４つの点 W_{H1}・b・L_{H1}・O に囲まれた四角形の面積が労働者に支払われた賃金総額，３つの点 a・b・W_{H1} に囲まれた三角形の面積（$\triangle abW_{H1}$）が利潤である。

図７－２　限界生産力分析

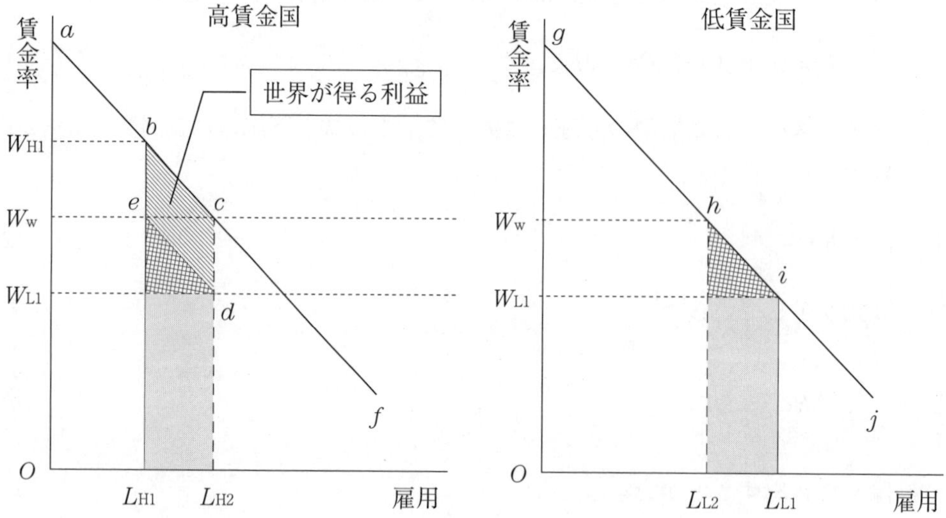

注：本図は，Hamilton, et.al., 1984. の図を修正して作成したものである。

このときの同地域の雇用量の L_{H1} は労働力の流入が制限されているときのものであって，賃金率を W_{H1} にまで引き上げる要因となっている。

さて，労働力の流入規制が撤廃されると，低賃金国から高賃金国への労働移動が発生して，低賃金国の雇用量は L_{L1} から L_{L2} へと減少し，高地賃金国の雇用量は L_{H1} から L_{H2} へと増大することによって，両地域の賃金率（W_{H1}，W_{L1}）は均等化して W_w になる。生産額に関していえば，低賃金地域の生産額は g・i・L_{L1}・O から g・h・L_{L2}・O に減少するが，高賃金地域の生産額は a・b・L_{H1}・O からその減少分を補って余りある a・c・ L_{H2}・O へと増加する。その結果，世界経済は面積 $b \cdot c \cdot d \cdot e$ によって示される利益を得ることになる。

ハミルトン等は，こうした考え方に基づいて，その経済的影響に関する試算を行った結果，国際労働移動は利益的である，との結論を導出している（Hamilton, et.al., 1984)。高賃金国も低賃金国も，労働力の自由な移動から利益を得られるのである。

(iv) 小　括

以上の議論からわかるように，経済理論を応用した国際労働移動分析の多くからは，国際労働移動の規制を緩和すれば経済的利益が得られる，との結論が導出される。

とはいうものの，これらの諸仮説は非常に厳しい条件設定のうえに築かれたものである，という点に気をつける必要がある。たとえば，労働力貿易モデル（ i ）は賃金格差を労働力貿易（国際労働移動）の要因としている（人間の移動を賃金格差のみで説明できるか)，送金乗数モデル（ ii ）はケインズ理論の応用型を開発途上国に直接的に当てはめている（ケインズ理論は，本来，生産力は十分あるが需要が不足しがちな先進国型の経済を想定して構築されているが，これをそのまま開発途上国に当てはめられるか)，限界生産力分析（iii）は労働の限界生産力が線形であることを想定している，などである。

また，労働力貿易（国際労働移動）の別の側面にも目を向けなければならない。たとえ，労働力貿易が利益をもたらす，という結論が経済分析から導き出されたとしても，そこには留意すべき点がある。経済学な意味において売買される労働力は，1つの生産要素・商品である。しかし，労働力の取引が行われた結果として移動するのは，労働力の保有者である生身の人間である。この生身の人間は，自らが生まれ育った国の文化・伝統・習慣・言語など，さまざまな柵（しがらみ）を引きずって移動する。それゆえに，受け入れ国において，複雑多岐にわたる摩擦や問題を引き起こす恐れがある。先の労働力貿易に関する諸仮説では，こうした経済面以外に生ずるコストが考量されていないのである。

国際労働移動研究においては，こうした別の側面に十分気をつける必要がある。

4．簡易人口経済計量モデルによる国際労働移動分析

今日，国際労働移動に関しては，さまざまな仮説が提起されるに至っており，百家争鳴の状況にあるといえよう。しかし，ここでの問題は，そうした仮説のいずれもが先に見たように国際労働移動の一断面のみを扱っていることから，その全体的影響を把握しかねることである。より具体的にいえば，国際労働移動が少子高齢化に直面する国の生産，消費，投資，経済成長などに及ぼす影響，それらが人口の少子高齢化現象に与える影響，などの詳細に関して上記のような仮説から推し量ることは困難なのである。

このときに効果を発揮するのは，人口経済計量モデルによるシミュレーション分析である。なかでも，簡易人口経済計量モデルは比較的容易に構築できることから，こうした疑

問が生じたときに短期日中に利用することが可能な便利な分析用具である。

さて，これ以降の部分では，簡易人口経済計量モデルによる国際労働移動のシミュレーション分析を行うことによって，“国際労働移動による国内総生産の増大が，国民の経済生活を豊かにする度合”を確かめることにする。なぜなら，近年の国際労働移動に関する議論においては，外国人労働者の導入による経済の活性化が豊かさに繋がる，というイメージが醸成されつつあるように見受けられるからである。

（1）モデルと仮説

まず，この分析に用いる簡易人口経済計量モデルであるが，これは前章（第6章）で開発した日本のモデルを利用する。なお，このモデルは，下記の諸点を考慮に入れた修正を加えることによって，国際労働移動の影響の分析を可能にしてある。

① 導入する外国人労働者は，生産年齢（15～64歳）に属すものとする（ただし，性別は考慮していない。また，外国人労働者の家族の呼び寄せはないものとする）。

② 導入した外国人は，一定期間労働した後は，必ず帰国する（この意味からするなら，外国人労働者の定着を認めないローテーション政策を想定していることになる。したがって，日本の人口の出生や死亡に本質的な影響を及ぼすことはない）。

③ 流入する外国人労働者は，すべて正規の手続きを経て流入するものとする。

④ したがって，外国人労働者の処遇に関しては，「内外人平等の原則」と「同一労働同一賃金の原則」（詳細は後述）に忠実に従うものとする。

これらは厳しい条件であるとはいえ，先の理論的分析が依拠している諸条件に比べるなら，かなり緩い（すなわち，より現実的な）ものである，といえよう。

こうした点を考慮に入れて，前章（第6章）において構築した日本の簡易人口経済計量モデルに修正を加えると，その概要はおよそ次のようになる（ただし，ここで用いる記号は，これまでの諸章において用いられたものである）。

【簡易人口モデル】

$$ {}_5P^f_{x+5,t} = {}_5P^f_{x,t-5} \cdot {}_5s^f_{x,t-5} \qquad \text{(M－1)} $$

$$ {}_5P^m_{x+5,t} = {}_5P^m_{x,t-5} \cdot {}_5s^m_{x,t-5} \qquad \text{(M－2)} $$

$$ TB_{t-5\sim t} = \sum_{x=15}^{49} \frac{{}_5P^f_{x,t-5} + {}_5P^f_{x,t}}{2} \cdot {}_5ASFR_{x,t-5} \qquad \text{(M－3)} $$

$$ {}_5P^f_{0,t} = \left(TB_{t-5\sim t} \cdot \frac{100}{205} \right) {}_5s^f_{B,t-5} \qquad \text{(M－4)} $$

$$ {}_5P^{m}_{0,t}=\left(TB_{t-5\sim t}\cdot\frac{105}{205}\right){}_5s^{m}_{B,t-5} \qquad (M-5) $$

$$ FL_t=f\cdot TP_t \qquad (M-6) $$

上記の修正点①と②により，外国人労働者の流入は日本の人口の出生や死亡に直接的な影響を及ぼすことはない。このため，簡易人口経済計量モデルの一翼をなす簡易人口モデルは，そのままの形で利用できる。ただし，外国人労働者流入の影響をみるために，M－6式を加えた。これは，日本の総人口TP_t（$=\sum {}_5P^{f}_{x,t}+\sum {}_5P^{m}_{x,t}$）に，外国人労働者が日本の総人口に占める割合$f$（たとえば，５％など）を乗ずることによって，これに相当する規模の外国人労働者FL_tが流入した場合の経済への影響をみるためである。

【簡易計量経済モデル】

$$ Y_t=Y_{t-5}+\frac{I_{t-5}}{\nu_{t-5}} \qquad (M-7) $$

$$ \ln\nu_t=-8.167+59.133\left(\frac{1}{\ln\left(\frac{WP_t+FL_t}{I_t}\right)}\right)-0.338\cdot D1+0.278\cdot D2 \qquad (M-8) $$

$$ C_t=2.932+0.559\cdot Y_t+0.655\cdot\left(\frac{OP_t}{TP_t+FL_t}\right) \qquad (M-9) $$

$$ G_t=g\cdot Y_t \qquad (M-10) $$

$$ I_t=Y_t-C_t-G_t-BOT_t \qquad (M-11) $$

上記の簡易人口経済計量モデルを構成する簡易経済モデルでは，M－８式とM－９式に外国人労働者の変数FL_tを加えた。これは，M－６式によって決定された数の外国人労働者が流入した場合，日本の生産活動と消費活動への影響をみるためである。

【相互関係】

$$ \ln\left(\frac{90.34-\mathring{e}^{f}_{o,t}}{\mathring{e}^{f}_{o,t}}\right)=-0.9057-0.0042\left(\frac{Y_t}{TP_t+FL_t}\right) \qquad (M-12) $$

$$ \ln\left(\frac{83.67-\mathring{e}^{m}_{o,t}}{\mathring{e}^{m}_{o,t}}\right)=-0.9749-0.0039\left(\frac{Y_t}{TP_t+FL_t}\right) \qquad (M-13) $$

$$ {}_5L^f_{x,t} = L^f_{x,1955} + \frac{{}_5L^f_{x,2055} - {}_5L^f_{x,1995}}{\mathring{e}^f_{0,2055} - \mathring{e}^f_{0,1995}} \left(\mathring{e}^f_{o,t} - \mathring{e}^f_{0,1995}\right) \qquad \text{(M}-14) $$

$$ {}_5L^m_{x,t} = L^m_{x,1955} + \frac{{}_5L^m_{x,2055} - {}_5L^m_{x,1995}}{\mathring{e}^m_{0,2055} - \mathring{e}^m_{0,1995}} \left(\mathring{e}^f_{o,t} - \mathring{e}^f_{0,1995}\right) \qquad \text{(M}-15) $$

$$ \ln\left(TFR_t - 0.1\right) = 0.4673 - 0.0033_1\left(\frac{Y_t}{TP_t + FL_t}\right) - 0.2489 \cdot D5 + 0.1814 \cdot D6 \qquad \text{(M}-16) $$

$$ {}_5ASFR_{x,t} = {}_5ASFR_{x,1955} \cdot \frac{TFR_t}{TFR_{1955}} \qquad \text{(M}-17) $$

簡易人口モデルと簡易計量経済モデルを接合する相互関係部に関しては，M －12式，M －13式，M －16式に外国人労働者の変数を付加した。すなわち，１人当たり国内総生産（*GDP*）を計算する際の分母に外国人労働者を付加したことになる。１人当たり *GDP* は，Y_t/TP_t によって計算される。しかし，本モデルの場合は，この計算式とは異なり，

$$ 1人当たり GDP = \frac{Y_t}{TP_t + FL_t} $$

によって計算されている。この理由は，上記の修正点③および④にもあるように，外国人労働者を導入する際に尊重すべき「内外人平等の原則」（正規に流入した外国人労働者に関しては差別的な待遇をしてはならない）と「同一労働同一賃金の原則」（同じ質と量の労働に関しては同じ対価が支払われなければならない）にしたがうなら，彼（女）等を差別的に扱ってはならず，経済活動の成果は平等に分配すべきだからである。

【スーツ型生産関数】

$$ Y_t = Y_{t-5} \exp(\ln GR_{t-5}) \qquad \text{(S}-1) $$

$$ \ln GR_t = 1.670 - 10.093 \left(\frac{1}{\ln\left(\frac{WP_t + FL_t}{I_t}\right)}\right) - 0.040 \cdot D3 + 0.075 \cdot D4 \qquad \text{(S}-2) $$

スーツ型生産関数に関しても，先のハロッド＝ドーマー生産関数と同じ理由から，外国人労働者の変数を加えることによって修正を図った。

さて，これまでの諸章における記載形式を踏襲するなら，上記の議論を行ったうえで Excel の操作法（または VBA によるプログラム）の解説を行うことになる。しかし，簡易人

口経済計量モデルはすでに前章で完成しており，本章での議論が示す修正をこのモデルに施すのは容易であるばかりか，この修正を解説するための図表等を加えることは逆に本章の議論を煩雑にし兼ねないために，Excel や VBA の議論は割愛した。

ただし，本章で修正を施したExcelによる簡易人口経済モデル，およびこれをVBAによるプログラムとしたものを創成社のホームページ内に掲載しておくので，関心のある方は参照されたい。

5．信頼性の検討

以上の修正を施したうえで，本簡易人口経済計量モデルによるシミュレーション分析を行う。本モデルの構成からわかるように，M－6式のfの値をゼロ「0」とおけば本簡易モデルは前章で構築した日本の簡易モデルになる。他方，たとえばfの値を5％「0.05」とした場合には，日本の総人口の5％に相当する外国人労働者が流入した場合，日本の経済や人口には直接的・間接的にどのような影響が生ずるか，を分析することになる。これをより具体的にいえば，「もし，日本が1955年～2000年の時期に外国人労働者を導入していたなら，日本の経済や人口にはどのような変化が生じていたであろうか」，という疑問を模擬実験（シミュレーション）によって確かめることにほかならない。

この点に関しては，1955～2000年の期間にも，日本には外国人がいたことを無視しているのではないか，との疑問が提示されよう。しかし，この期間にわが国に居住していた外国人は総人口の1％以下の少数である。これに対して，本簡易人口経済計量モデルにおける人口推計の誤差は，年次によってその値は異なるものの0.2%～1.3%の範囲内にある。つまり，この時期に我が国にいた外国人の数は，誤差の範囲内に収まってしまうのである。このような観点からするなら，本章における扱いも首肯できよう。

また，本簡易モデルは，fの値をゼロ「0」とおけば前章で構築した日本の簡易モデルになることから明らかなように，十分な追跡能力を有している，といえる。

6．シミュレーションの実施

（1）シナリオ

さて，シミュレーションを実施するに際しては，そのためのシナリオ（推計仮説）が必要になる。本研究で行なったシミュレーションでは，次のシナリオを用いた。

①　ケース0：外国人労働者を導入しない閉鎖的な対応である（$f=0$）。

②　ケースⅠ：総人口の3％に相当する外国人労働者を導入する。これは，ケース0とケースⅡの中間を想定したシナリオである（$f=0.03$）。

③　ケースⅡ：総人口の5％に相当する外国人労働者を導入する。これは，ケース0と

ケースⅢの中間を想定したシナリオである（$f = 0.05$）。

④　ケースⅢ：総人口の10%に相当する外国人労働者を導入する。東南アジアに位置するマレーシアには，高度経済成長期に総人口の約10%に相当する外国人労働者が流入している。そこで，この割合を導入の上限として用いた（$f = 0.1$）。

（2）分析結果とその検討

上記の一連のシナリオを用いることによって，1955年から2000年にいたる45年間の日本経済の推移をシミュレートした。まず，最初に示すのは，ハロッド＝ドーマー生産関数を用いた簡易人口経済計量モデルから得られた推計結果である。

図7－3が示しているものは，日本が外国人労働者を導入した場合に，わが国の国内総生産がどう変化するかを推計した結果である。また，図7－4が示しているのは，1人当たり国内総生産（GDP）の推移である。ただし，通常の場合，1人当たり*GDP*は，Y_t/TP_tによって計算されるが，ここでの1人当たり*GDP*は先に述べた理由から$Y_t/(TP_t + LF_t)$によって計算されている。すなわち，外国人労働者を導入する際に尊重すべき「内外人平等の原則」（正規の手続を経て入国した外国人は国民と同様に扱うべきであって，差別してはならない）と「同一労働同一賃金の原則」（同じ労働についている場合，自国民労働者と外国人労働者との間に賃金格差があってはならない）に従うなら，彼（女）等を差別的に扱ってはならず，経済活動の成果は平等に分配すべきだからである。また，図7－5が示しているのは，ケース0とケースⅢにおける日本の人口の推移である。

図7－3に示された推計結果からわかるように，外国人労働者を導入しなかった場合（ケース0）と外国人労働者を導入した場合（ケースⅠ，Ⅱ，Ⅲ）の*GDP*を比べると，1955年から1970年までの国内総生産にはさしたる差は生じておらず，ほぼ同じである。しかし，1970年以降になると，ケース0よりはケースⅠ，ケースⅠよりはケースⅡ，そしてケースⅡよりはケースⅢの方が，といった具合に国内総生産は大きくなっている。このことは，①我が国の人口に労働供給力があった高度成長期などの時期には，外国人労働者を導入してもプラスの経済効果は見られないが，②1970年代にわが国が高齢化社会に入り，1985年に人手不足倒産が問題化しはじめる，といった具合に少子高齢化の影響が顕在してくると，外国人労働者導入にプラスの効果が出てくることを示している。

すなわち，少子高齢化が進展している状況下において多数の外国人労働者を導入すれば，外国人労働者FL_tが生産年齢人口WPに加わるために，潤沢になった労働供給が生産活動にプラスの影響を及ぼし，*GDP*を増大させることになる。このことから，外国人労働者の導入は経済活動を活発化させる政策手段になり得る，といえよう。

ところが，外国人労働者導入の国民の経済生活への影響となると，本シミュレーションから得られる結果は異なった様相を呈してくる。図7－4に示されたシミュレーション結

図7－3　GDPの推計結果

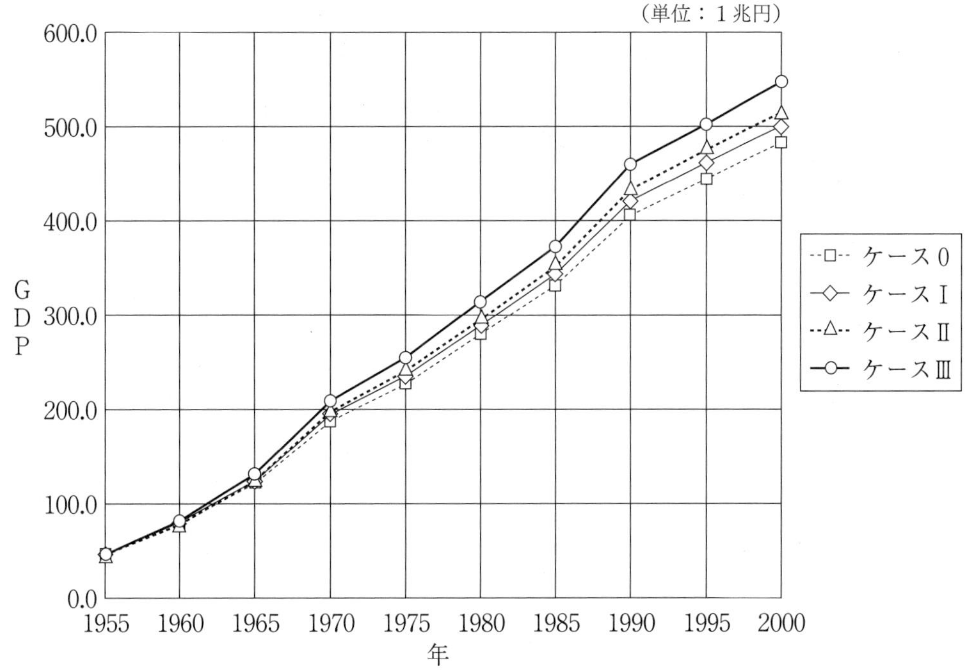

図7－4　1人当たりGDPの推計結果

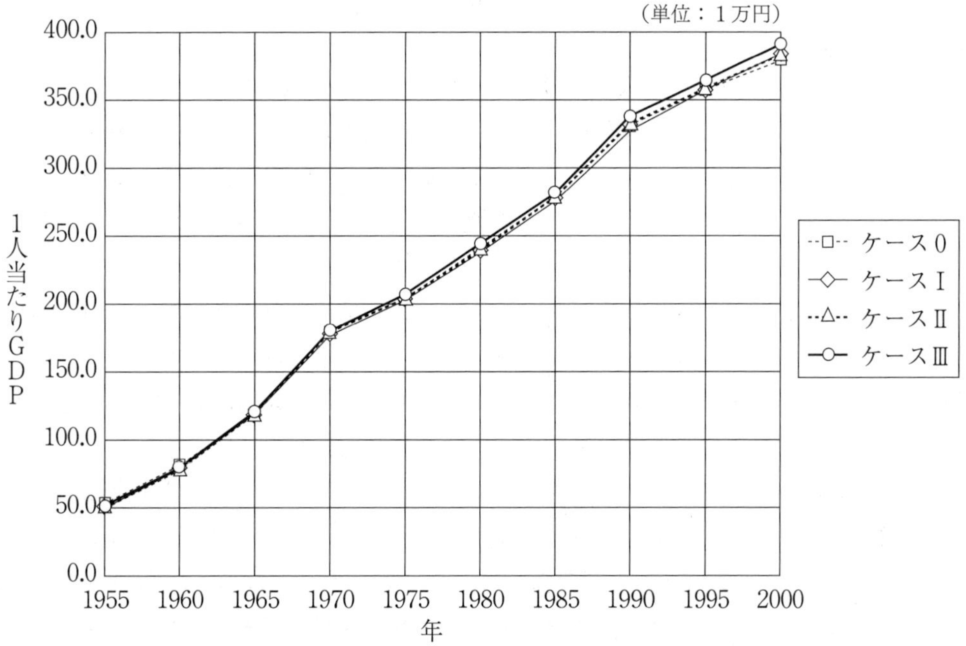

図7－5　総人口の推移

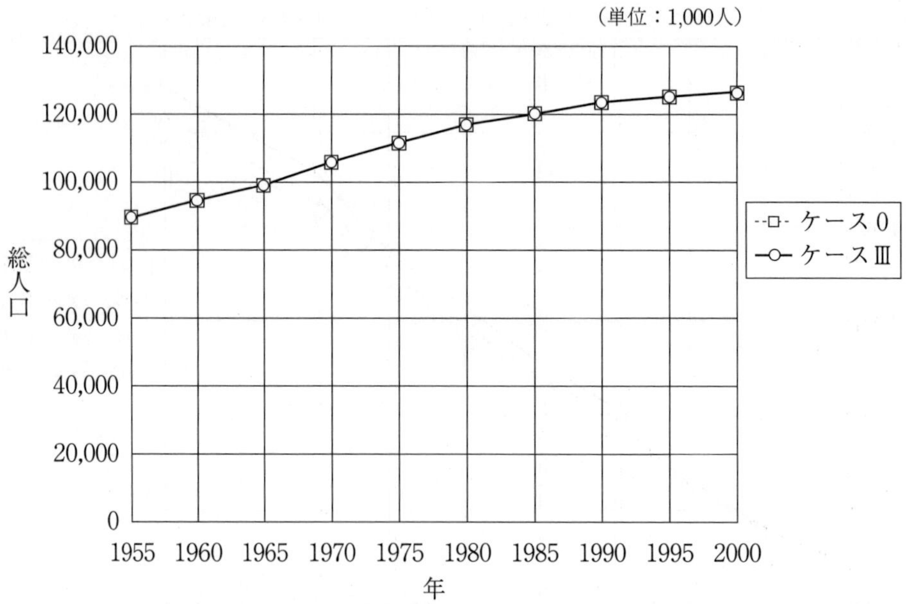

果をみると，1985年以降の１人当たり国内総生産は，ケース０よりはケースⅠが，ケースⅠよりはケースⅡが，ケースⅡよりはケースⅢが，といった具合に１人当たり *GDP* はごくわずかではあるが上昇しているのがわかる。しかしながら，この期間を俯瞰してみるなら，ケース０，ケースⅠ，ケースⅡ，ケースⅢのいずれの場合も，１人当たり GDP にはさほどの違いは生じず，ほぼ一本の線にしかみえないほどなのである。

すなわち，外国人労働者を導入した場合の国民の生活水準（１人当たり *GDP*）は，導入しなかった場合の生活水準はほぼ同じであって，生活水準の側面に外国人労働者の導入が大幅なプラスの影響を及ぼすことはないことになる。こうした現象が生ずる要因は，外国労働者の導入がもたらした経済へのプラスの効果の相当部分を，外国人労働者への利益の配分が相殺してしまうからである，ということができよう。

また，図７－５からわかるように，ケース０とケースⅢにおける我が国の人口の推移は重なり合って一本の線にしかみえない。先のＭ－12式～Ｍ－17式からもわかるように，国民の生活水準（１人当たり GDP）がほぼ同じであれば，出生も死亡もさほど変化しないので，ケース０の場合もケースⅢの場合もほぼ同じことになる。

次の図７―６，図７－７，図７－８が示しているのは，スーツ型生産関数を採用した簡易人口経済計量モデルによるシミュレーション結果の一部（GDP の推移，１人当たり GDP の推移，そして人口の推移）である。これらのシミュレーション結果も，先のハロッド＝ドーマー生産関数を用いた簡易人口経済計量モデルとほぼ同じ結果を示していることを，両図から読み取ることができるであるであろう。

図7－6　GDPの推計結果

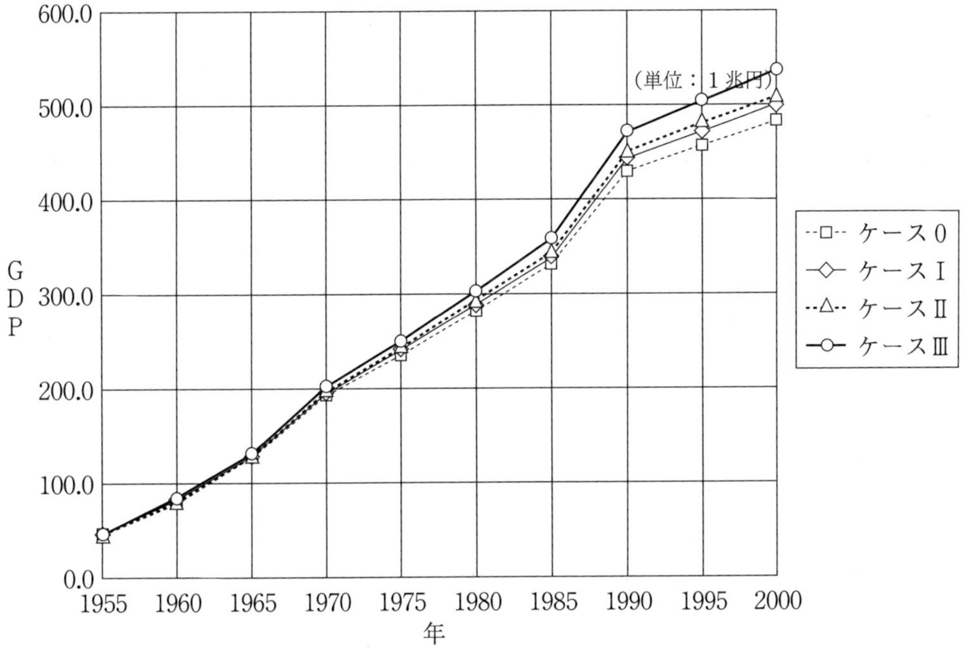

図7－7　1人当たりGDPの推計結果

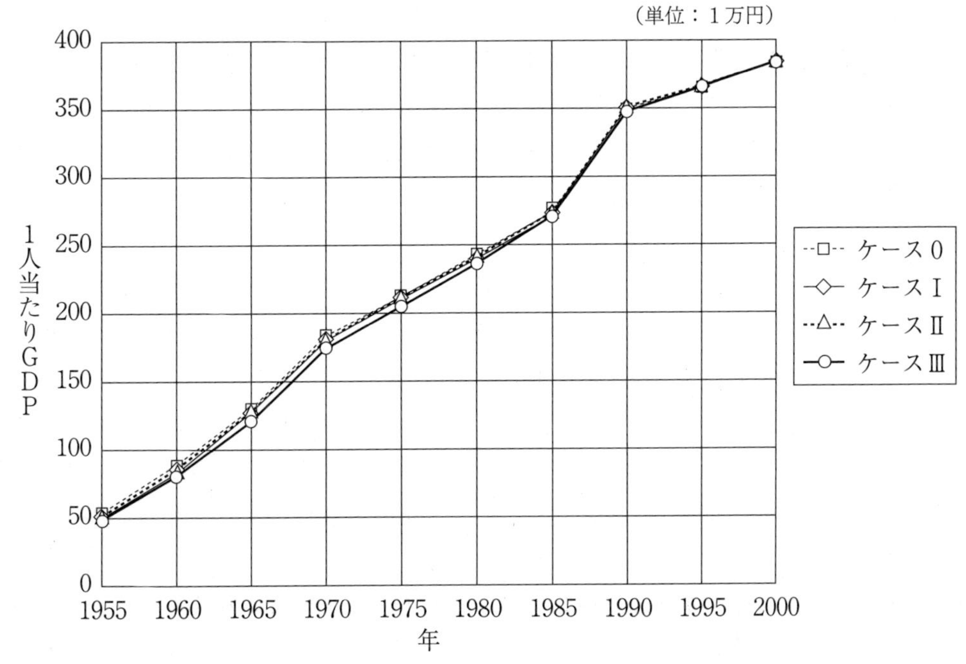

図7－8　総人口の推移

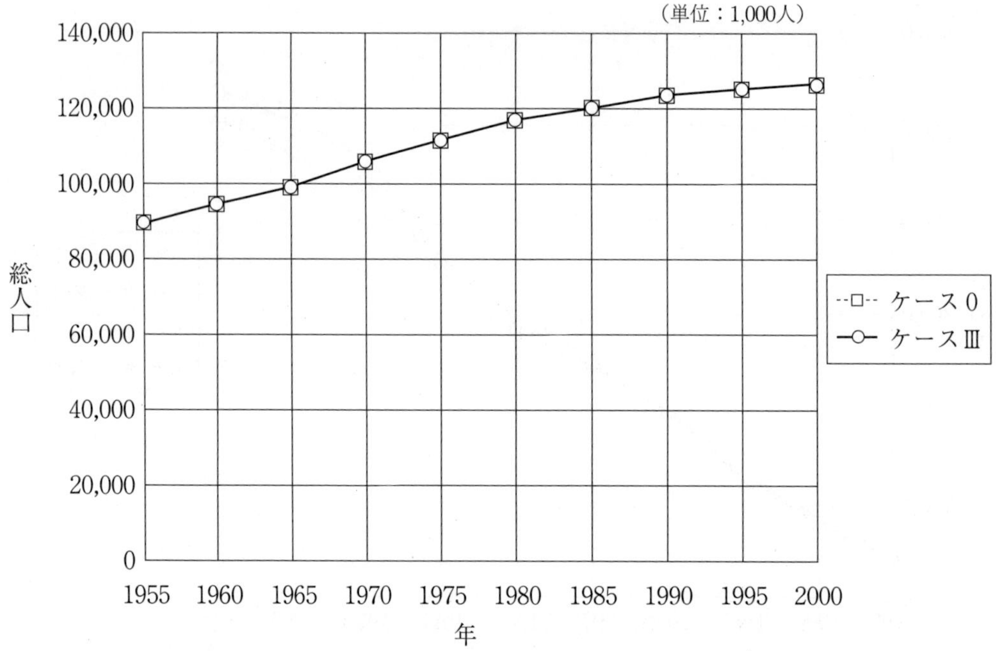

今回の簡易人口経済モデルによる国際労働移動のシミュレーション分析は，もちろん緒についたばかりであり，技術進歩にともなう経済成長率の改善をどう考慮すべきか，などといった今後さらなる研究を行うべき課題も確かに多々残されている。しかし，上記の簡潔なシミュレーション分析からは，下記の興味深い知見を得ることができる。

①**外国人労働者問題に関する通説の検討：**少子高齢化現象に起因する慢性的労働力不足が重要な課題となっているわが国では，外国人労働者の導入によって経済活動が活発化する，との説が勢いを得はじめているように思われる。その影響もあってか，外国人労働者の活用が豊かな生活につながる，とのイメージが醸成されつつある観がある。

ところが，今回のシミュレーション分析からは，外国人労働者の導入が必ずしも豊かな生活につながる保証はない（外国人労働者を導入した場合でも，導入しない場合でも，1人当たり国内総生産にさしたる相違が生じないこともあり得る），との結論が得られている。もちろん，本シミュレーション分析の結果が正しい，と言いきることはできない。しかしながら，外国人労働者の導入が豊かな生活につながらない可能性が存在することまでは，否定できない。こうした可能性の意味することをも，慎重に検討すべきであろう。

②**日本経済のあり方をどう考えるか：**今回の分析からは，外国人労働者を導入した場合に，日本経済の規模は拡大（*GDP* は増大）するが，それが必ずしも国民の生活水準の

改善（1人当たり *GDP* の向上）につながる保障はない（場合によっては，生活水準の低下が生ずる可能性も否定できない），との結果が得られる（①）。

そうであるなら，我々が日本の将来を考える場合（今後の経済政策を考える場合），経済規模の拡大と生活水準の向上のいずれに重きをおくべきなのであろうか。日本の国際的プレステージを維持するうえで，経済規模の拡大は重要である。それと同時に，豊かな生活を実現するうえで，1人当たり *GDP* の上昇も重要である。しかしながら，外国人労働者を導入した場合も，導入しない場合も，1人当たり *GDP* はほぼ同じであり，しかもそれらが共に上昇傾向にあるとするなら，国民の豊かで幸福な生活を実現するうえで，外国人労働者を導入する危険をあえて冒す必要はない，ということもできる。

本シミュレーション結果は，日本経済の在り方・針路を考えるうえで，経済規模の拡大（国際社会でのプレステージの維持）と豊かで幸福な生活の実現（1人当たり *GDP* の上昇）のいずれに重きを置くべきか，が今後の日本における大きな課題になることを示唆しているように思われる。

③**外国人労働者の有効活用策の検討**：経済政策の現実的側面からするなら，日本経済の今後を見据えた政策を考える際に（②），「経済規模の拡大」と「生活水準の向上」の二兎を追うのが経済政策の常というものであろう。この二兎を獲得できるか否かの鍵となる要因が，外国人労働者の有効活用（生産性）である。それゆえ，彼（女）らの導入の可否から一歩踏み込んで，外国人労働者を有効に活用する方途をも検討しておくべきであろう。

今日，わが国における外国人労働者の大多数は，低賃金の縁辺労働力としての立場にある。また，そうした労働者を必要としているのは，日本人労働者も就きたがらない3K（危険・汚い・きつい）の職種であるのが一般的である。外国人労働者問題に関する議論はさまざまあるが，現実にはそうした外国人単純労働者の導入の可否に集中しているのが実情であろう。

しかし，外国人労働者問題を考察するに際しては，外国人労働者導入の可否に関する議論とは切り離して，いかにして有能な外国人労働者を獲得し，いかにして彼（女）らの能力を日本経済のなかで発揮させるか，そしてそのための制度的枠組などをいかに構築すべきか，といった外国人労働者の有効活用策をも検討しておくべきであろう。

なぜならば，外国人労働者の大多数を縁辺労働力としての地位に押し込め，その能力を有効に活用する方策を構築しておかなければ，仮に外国人労働者の導入が現実のものとなった場合，経済規模の拡大は実現できても，導入規模を上回る経済的成果をあげることができないために，1人当たり *GDP* に換算した外国人労働者導入の経済効果は良くてゼロ，悪くすればマイナスになる公算もまた大きくなるからである。本シミュレーション結果（外国人労働者導入の生活水準（１人当たり*GDP*）の改善への影響が小さいこと）は，わが国でこうした状態が続いてきていることを示唆していよう。

７．簡易人口経済計量モデルの役割と意義

今回のシミュレーション分析は，1955年から2000年までの日本の簡易人口経済モデルを用いて，外国人労働者の導入がわが国に及ぼす影響（これをよりわかりやすく表現するのなら，この時期（1955年から2000年まで）のわが国が外個人労働者を導入していたなら，日本経済にどのような影響がもたらされたか）を検討したものである。

さて，各歳別の人口モデルと１年ごとに推計を行う経済モデルを連動させた通常の人口経済計量モデルをジャンボジェット機にたとえるなら，簡易人口経済計量モデルはさながらウルトラ・ライト・プレーン（超軽量動力機）とでもいうべきものであろう。

しかし，この超軽量動力機でさえも，①外国人労働者の導入に関する通説（経済活動が活発になり，生活水準も向上する）を再検討することの必要性，②日本経済のあり方をどう考えるか（経済規模の拡大を目指すべきなのか，それとも経済規模はさておいて豊かな生活を目指すべきか），③外国人労働者の有効活用策の検討（仮に外国人労働者を導入することになった場合，彼（女）らを有効に活用し，労働生産性をあげるために，どのような制度的枠組などを構築すべきなのか），など慎重に検討すべき課題を提示してくれる。国際人口移動の文献研究，理論研究だけでは，こうした知見は得られないであろう。

簡易人口経済計量モデルはウルトラ・ライト・プレーンなみの超小型モデルではあるが，否むしろ超小型モデルであるからこそ，人口と経済の関係に関心のある誰もが比較的容易に構築できる，という小回りの良さ・フットワークの良さによって，自らが構築した仮説などを機動的かつ客観的にみつめることを可能にする分析用具である，といえよう。

参考文献

上田正夫，1977.『人口統計学』一粒社。

尾上久雄・新野幸次郎編，1979.『経済政策論』有斐閣。

大塚友美編著，2007.『経済・生命・倫理（ヒトと人のはざま間で）』文眞堂。

大塚友美，2005.『実験で学ぶ経済学』創成社。

大塚友美，1996.『ボーダーレス化の政治経済学』創成社。

大塚友美，1994.「平均寿命の差異：社会経済的分析の一例」（小林和正・大淵　寛編『生存と死亡の人口学』大明堂，pp.142～157)。

大塚友美，1993.『国際労働移動の政治経済学』税務経理協会。

大塚友美，1988.「乳幼児生存仮説の検証（ボンガーツ法の適用)」(『経済集志』第57巻第４号，pp.21～34)。

大塚友美，1985a.「社会経済開発と死亡力（mortality）の決定要因について」(『日本大学経済学部経済科学研究所研究紀要』第９号，pp.101～122)。

大塚友美，1985b.「乳幼児生存仮説の検証（日本の経験との関係において)」(『経済集志』第55巻第３号，pp.101～122)。

大塚友美，1984.「社会経済開発と死亡力低下の関係について（明治・大正期の日本を中心として)」(『経済集志』第54巻第３号，pp.65～93)。

大塚友美，2010.「簡易人口経済計量モデル」(『日本大学人文科学研究所紀要』第79号，pp.95～113)。

大淵　寛，1992.『出生力の経済学』中央大学出版部。

岡崎陽一，1962.『人口変動と経済成長に関する序説』(『人口問題研究所研究資料』第149号)。

岡崎陽一・安川正彬・山口喜一・広岡桂二郎，1974.『人口論』青林書院新社。

勝木太一，1997.『経済現象の計量モデル分析』大学教育出版。

金子敬生・吉岡　修・仁平耕市，1982.『経済分析の計量的方法』日本評論社。

坂中英徳・浅川晃広，2007.『移民国家ニッポン（1000万人の移民が日本を救う)』日本加除出版。

島田　章，2003.『国際労働移動のマクロ経済学分析』五絃舎。

杉野元亮，2000.『人口システムと経済発展分析』創成社。

中村　修，1995.『なぜ経済学は自然を無限ととらえたか』日本経済評論社。

ピーター・ストーカー（大石奈々・石井由香訳)，1998.『世界の労働力移動』築地書館。

水島治夫，1963.『生命表の研究』(財)生命保険文化研究所。

南亮三郎，1971.『人口学総論』千倉書房。

山口喜一・南條善治・重松俊夫・小林和正編著，1995.『生命表研究』古今書院。

山澤成康，2004.『実戦計量経済学入門』日本評論社。

労働政策研究・研修機構編，2010年．『データブック国際労働比較』労働政策研究・研修機構編。

Bongaarts, John and Robert Potter G., 1983. *Fertility, Biology,* and Behavior, Academic Press.

Bongaarts, John, 1982. "The Fertility-Inhibiting Effects of Intermediate Fertility Valuables," *Studies in Family Planning,* Vol.13, No.6/7., pp.179-189.

Davis, Kingsley, 1956. "The Amazing Decline of Mortality in Underdeveloped Areas," *American Economic Review,* vol.42, No.2, pp.305-318.

Davis, Kingsley and Judice Blake, 1956. "Social Structure and Fertility: An Analitic Framewoke," *Economic Development and Cultural Change,* Vol.4.,No3, pp.211-235.

Easterlin, Richard R., 1978. "The Economics and Sociology of Fertility: A Synthesis," in Charles Tilly (ed.), *Historical*

Studies of Changing Fertility, Princeton University Press.

Hagen, Everett E., 1959. "Population and Economic Growth," *The American Economic* Review, Vol.49,No.2, pp.311-327.

Hamilton, Bob and Jhon Whalley., 1984. "Efficiency and Distributional Implications of Grobal Restrictions on Labour Mobility," *Journal of Development Economics,* No.14, pp.61-75.

Knodel, John, 1968. "Infant Mortality and Fertility in Three Bavalian Villages: An Anlysis of Family Histories from the 19th Century," *Population Studies,* Vol.22, No.3, pp.297-318.

Leibenstein, Harvey, 1974. "An Interpretation of Economic Theory of Fertility," *Journal of Economic Literature,* No.12, Vol.2, pp.457-479.

Preston, Samuel, H., 1976. *Mortality Patterns in National Populations,* Academic Press.

Safilios-Rothschaild, Constantina., 1985. "Socioeconomic Development and Status of Women in the Third World," Center for Policy Studies Working Paper, No.112.

Shryock, Henry S. and Seigel, Jacob, 1976. The Methods and Materials of Demography, Academic Press.

Suits, Daniel B., 1978. "Measuring the Gains to Population Control --- Results From an Econometric Model ---," *Paper Presented at the Annual Meeting of the Population Association of America,* Georgia, April 13-15, 1978.

Walsh, Thomas B., 1970. *Economic Development and Population Control,* Praeger Publishers.

統計データ

本書での議論を展開するに当たっては，人口（男女年齢別構成（総人口，日本人人口），出生，死亡，移動）や経済（国内総生産，民間消費，政府支出，投資，外国貿易）などに関して各種の統計データが必要になる。これらは，通常，下記の文献などから手に入れる。

① 国勢調査（各年次）
② 人口統計資料集（各年次）
③ 人口動態統計（各年次）
④ 生命表（各回）
⑤ 簡速静止人口表〈生命表〉（各回）
⑥ 国民経済計算年報（各年次）
⑦ データブック国際労働比較（各年次）
⑧ 日本の将来人口推計（仮定値）

しかし，インターネットの発達した今日では，これらのデータは下記のホームページにアクセスすれば，容易に手に入れることができる。

① 内閣府：http://www.cao.go.jp/
② 厚生労働省：http://www.mhlw.go.jp/
③ 総務省統計局：http://www.stat.go.jp/
④ 国立社会保障・人口問題研究所：http://www.ipss.go.jp/
⑤ 独立行政法人労働政策研究・研修機構：http://www.jil.go.jp/

本書で用いた統計データは，統計データの年齢区分が本分析とあわないものなどの一部を除き，これらのホームページから入手したものである。

索　引

<著者紹介>

大塚友美（おおつか・ともみ）

1953年　東京都生まれ
1976年　日本大学経済学部卒業
1982年　日本大学大学院経済学研究科博士後期課程満期退学
1999年　学術博士（東北学院大学）
2001年　日本大学文理学部教授，現在に至る

<主要著書>

『Excel で学ぶ情報処理（AN 研究シリーズ No. 2）』（共編著）文眞堂，2008年。
『経済・生命・倫理（AN 研究シリーズ No. 1）』（編著）文眞堂，2007年。
『実験で学ぶ経済学』（単著）創成社，2005年。
『ボーダーレス化の政治経済学』（単著）創成社，1996年。
『生存と死亡の経済学』（共著）大明堂，1994年。
『国際労働移動の政治経済学』（単著）税務経理協会，1993年。

（検印省略）

2011年 4 月20日　初版発行　　略称 ― Excel 人口

Excel で学ぶ人口経済学

著　者　大 塚 友 美
発行者　塚 田 尚 寛

発行所　東京都文京区 春日2－13－1　株式会社 創 成 社

電　話 03（3868）3867　FAX 03（5802）6802
出版部 03（3868）3857　振替 00150-9-191261
http://www.books-sosei.com

定価はカバーに表示してあります。

ISBN978-4-7944-3119-6 C3033
Printed in Japan

組版：トミ・アート　印刷：亜細亜印刷
製本：宮製本所
落丁・乱丁本はお取り替えいたします。